中学语文思辨读写与思维进阶的研究

殷勇鹏　王　鑫◎著

吉林文史出版社

图书在版编目（CIP）数据

中学语文思辨读写与思维进阶的研究 / 殷勇鹏，王
鑫著． -- 长春：吉林文史出版社，2023.9
ISBN 978-7-5472-9838-1

Ⅰ．①中… Ⅱ．①殷… ②王… Ⅲ．①中学语文课—
教学研究 Ⅳ．① G633.302

中国国家版本馆 CIP 数据核字（2023）第 186557 号

ZHONGXUE YUWEN SIBIAN DUXIE YU SIWEI JINJIE DE YANJIU

书　　名　中学语文思辨读写与思维进阶的研究
著　　者　殷勇鹏　王　鑫
责任编辑　柳永哲
出版发行　吉林文史出版社
地　　址　长春市福祉大路 5788 号
网　　址　www.jlws.com.cn
印　　刷　北京四海锦诚印刷技术有限公司
开　　本　787mm×1092mm　16 开
印　　张　11
字　　数　260 千字
版次印次　2024 年 4 月第 1 版　2024 年 4 月第 1 次印刷
定　　价　52.00 元
书　　号　ISBN 978-7-5472-9838-1

前 言
PREFACE

中学语文课程致力于培养学生的语言文字运用能力，提升学生的综合素养，为学好其他课程奠定基础，对学生形成正确的世界观、人生观、价值观，形成良好个性和健全人格起促进作用，并且为学生的全面发展和终身发展贡献力量。另外，中学语文课程对继承和弘扬中华民族优秀文化传统和革命传统，增强民族文化认同感，增强民族凝聚力和创造力，也具有不可替代的优势。中学语文课程的多重功能和奠基作用，决定了它在教育体系中的重要地位，在语文教学过程中，为了更好地培养学生的综合素养和逻辑思维能力，要积极地构建思辨读写的模式，开展思维进阶教学活动，通过丰富多彩的教学方式拓展学生的能力，让学生能够在语文课堂中进行深度学习，从而激发学生的学习积极性，促进学生语文核心素养的提升。

基于此，笔者撰写了《中学语文思辨读写与思维进阶的研究》一书，在内容编排上共设置六章，如下：第一章作为本书论述的基础与前提，分析中学语文教学体系与思维进阶活动、中学语文教学思维的本质与发展、中学语文中思辨性读写教学的作用；第二章是中学语文的思维视野与思辨读写，内容涵盖逻辑思维下的语文思辨性阅读教学、中学语文"思辨性表达"教学方法、中学语文思辨读写教学的落实途径；第三章探讨中学语文教学的合作与自主学习、中学语文教学的情景式学习方法、中学语文教学的探究性学习方法、中学语文的学生思维能力培养方法；第四章是对中学语文核心素养教学思维的探究；第五章分别从内容、备课、教课、评价四个方面论述中学语文教学中的课堂艺术思维；第六章是中学语文教学模式的创新思维进阶，研究中学语文的主体参与式教学、中学语文"双主式"教学模式设计、中学语文教学中不同课型模式、中学语文翻转课堂教学模式的创新。

本书有以下两个特征。

第一，关注语文学习方式的转变。语文教育的预期目标就是提高学生的语文素养，为其终身学习和发展奠定基础。本书努力体现教育理念的更新，力求学生能够在传统的语文学习基础上，获得有利于自己学习方式转变的理论与方法指导，希冀教师能够有所获益、有所转变。

第二，凸显应用实践性。语文是实践性很强的课程，应提倡持久而系统地实践探究。本书的定位是为中学语文教师培养学生思维提供训练参考，因此，语文教学理论知识的学习如何转化为教学的实践能力是本书研究的重点。

本书在撰写过程中，研读了国家关于课程改革的纲领性文件及文献资料，参阅了大量近些年来的有关研究成果。希望这些能够为学习者提供借鉴，使其在知识的共享和建构中有所启迪、有所发现。尽管进行了认真写作、反复修改，但由于时间和能力所限，还是难免有错误和不足之处，希望读者、同行能够提出宝贵的意见和建议，以便不断改进。

目 录
CONTENT

第一章
中学语文及其思辨读写教学作用

第一节　中学语文教学体系与思维进阶活动

一、中学语文教学的主要体系

（一）中学语文教学性质

"语文是人类通过文字的沟通来进行语言交流的重要渠道，特别是学生进入中学阶段以后，语文已不再是简单的读文识字，或对语言文字的探究，涉及社会活动的各个方面。"① "语文"这一概念的多义性和不确定性，也表明了人们教学经验的多样性和教学观念的差异性。

1. 语文教学的历史

（1）古代语文教学。我国的语文教育源远流长，有文字记载的汉语民族语文教育，至少已有 3000 年的历史。我国古代语文教学有三个特点：一是不单独设科，古代语文与经学、史学、伦理学混合，是经学和科举的工具和附庸，并不是一门独立的科学；二是集中识字，以《三字经》《家姓》《千字文》为启蒙课本，以四书、五经为主要教材；三是注重读写训练。

（2）近代语文教学。近代受到"新政"改革的影响，1903 年正式废除科举制度，改建各地的大小书院为高等学堂、中等学堂和小学堂，在中等学堂内设"中国文学"科。从此，有关"语文"知识、能力方面的培养就从经学、史学、伦理学等内容中分离出来，成为一门独立的学科。1902 年颁布我国近代第一个较为系统完备的、有现代意义的学制《钦定学堂章程》，设"词章"科。1903 年颁布《奏定学堂章程》，改"词章"科为"中国文学"科，有读文、作文、习字和古代文章以及中国文学作品。从此，语文才成为学科

---

① 付冰：《中学语文教学浅议》，载《考试周刊》2012 年第 78 期，第 30 页。

意义上的独立学科。1912 年，中华民国教育部改"中国文学"科为"国文"科，内容包括作文、讲读、习字、文学源流、中国文学史等。1921 年，"国文"科改为"国语"科；中学仍为"国文"科，教学文言文，主要是古代文章和古代文学作品。在这个阶段中，师范教育应运而生，有了"教学法"课程，但教材大都采用西方教材，如赫尔巴特《教授法》。编写的国文教科书附有教授法。

（3）现代语文教学。现代时期的语文教学最大的变化是现代白话文进入语文教材，语文教学更贴近生活、贴近大众，这是语文教育史上的重大转折。另外，教学思想也有了重大变化，开始重视学生学法的研究，如陶行知提出将"教授法"改为"教学法"。1924 年，黎锦熙撰写了我国第一部语文教学法的专著《新著国语教学法》，叶圣陶、朱自清在语文教学领域中都有卓越的贡献。

（4）当代语文教学。中华人民共和国成立后，开始使用"语文"这一课程名称。"语文"一名始用于 1949 年，华北人民政府教科书编审委员会选用中小学课本之时，接受了教育家叶圣陶的建议，将"国语"和"国文"合称为"语文"。同时，中央人民政府教育部也采纳了这一意见。

尽管语文教学的历史悠久，但是由于人们的观念不同、理解不同，对"语文"的理解也产生了差异，有人表述为"语言与言语"；有人表述为"语言、文字"；有人表述为"语言、文章"；有人表述为"语言、文学"；有人表述为"语言、文化"。人们公认的一种理解为"语文即言语"。"语言、文章"是比较准确的。如果把"语言、文字"中的"文字"理解为包含"成篇的文章"，那也是正确的。而"语言、文学"失之过窄，"语言、文化"失之过宽。

2. 语文学科的性质

语文学科成立百年来，因为对"语文"二字的含义有多种理解，造成人们对语文学科性质和地位的认识也不一致。有代表性的观点主要有四种：工具论、人文论、素养论、语感论。语文学科的性质具体内容有以下方面。

（1）基本性质：基础工具性。语文是最重要的交际工具，也是最重要的文化载体。这种表述表明了中学语文教学是以言语教学为主要任务的基础学科，尽管它渗透人文教育的内容，但这并不影响人们对语文具有基础工具性这一本质特征的理解。

第一，从语文学科的教学目的看，语文学科教学的主要目的是进一步指导学生正确的理解和运用祖国语言，提高阅读、写作和交际能力，发展学生的语感和思维，养成学习语文的良好习惯。"阅读、写作和交际能力"的核心能力是言语能力和思维能力。语言是人类最重要的交际工具。从这个意义上而言，语文学科就是教学生运用语言进行交际的工具学科。

第二，从学科的教学内容来看，构成中学语文教学内容的主要成分是语文基本素材（字、词、句）、语文基本知识（如汉语知识、修辞知识、文学常识）、语文基本能力（读、写、听、说）。它们通常体现在成篇的文章（课文）中，课文之中包含着多方面的内容，这是无可置疑的，但这不能理解为语文学科要将课文中涉及的内容一律"讲深、讲透"。只要从事过语文教学的教师都清楚，语文教学的重点常常不在课文的内容，而在于课文的形式。

第三，从语文学科的作用来看，语文学科是一门基础学科，对于学生学好其他学科，今后工作和继续学习，对于弘扬民族优秀文化和吸收人类的进步文化，提高国民素质，都具有重要意义。语文学科的作用是"工具"，它是学生"学好其他学科，今后工作和继续学习"的"工具"，也是"弘扬民族优秀文化和吸收人类的进步文化，提高国民素质"的"工具"。

（2）重要性质：人文性。人文性是指对人自身完善的关注与追求，包括人的尊严、价值、个性、理想、信念、品德、情操等方面。以人文性为基本特征的人文学科源于古罗马西塞罗一种理想化教育思想，指古罗马时代成长为人即公民（自由民）的必修科目，大致包括哲学、语言修辞、历史、数学等。拉丁文原文有"人性""人情"的意思，又与"开化、教化"通用。人文学科发展演变至今，仍以作为主体的人为对象，它关注的是促使个人成长，使其臻于理想态，它教的与其说是技术，不如说是人的素质修养。

国际 21 世纪教育委员会提出教育的四大支柱：学会学习、学会做事、学会共处、学会做人。在支撑现代教育的这四大支柱之中，最基础、最坚实也是最重要的应当还是学会做人。学会学习、学会生存、学会合作都必须以懂得如何做人为前提。语文是最重要的交际工具，是人类文化的重要组成部分。语言是人类重要的文化载体，学生接触语言、运用言语，不可能只要形式而不要内容。因此，语文学科具有人文性。

（3）其他属性。

第一，文学性。文学教育、情感熏陶是"文艺复兴"以来西方国家语文教学的主流。过去一般认为是所谓"绅士教育"所必需的，现在人们更倾向于这是一个人和谐发展的需要。美国是最注重"实用"的国家，但是一直没有放弃文学教育。英国《牛津英语教程》编入了大量的文学作品。俄罗斯的中小学语文教材是《俄语》《文学》分编，文学教育占有很大的比重。法国的语文课程标准强调"给文学作品以重要地位"。近年来，国外又有强调对语言的实际运用的趋势。一方面，这是历史的必然要求；另一方面，那种单纯培养语言实际运用能力的语文教学同样不能适应现代社会的需要。语言教育和文学教育并不是对立的，必须把语言的实际运用与文学熏陶结合在一起，相辅相成，这是各国语文教学的共同要求。

第二，社会性。母语学习的特点。学生学习语文，并不是从零起点的，特别是口语能力。学生对语文的接触并不限于语文课堂内，应拓宽语文学习和运用的领域。学生通过课外阅读、社会交往，以及各种传播媒体等，都能够学习语文。学习语文的资源和运用语文的实践机会可以说无处不在、无时不有。因而，让学生尽可能多地直接接触语文材料，更有利于培养良好的语感和整体把握的能力。

第三，实践性。语文是实践性很强的课程，应着重培养学生的语文实践能力，不应刻意追求语文知识的系统性和完整性，而应该通过大量学生自主的阅读、写作和口语交际实践，掌握运用语文的规律，培养语文能力。此外，语文学科还具有知识性、广泛性、应用性、大众性、综合性等。

3. 正确认识中学语文学科性质的意义

正确认识中学语文学科的性质，有利于教师正确把握教学方向、选择教学内容、确定教学目的、提高教学质量。否定语文教学的本质属性，语文教学就会偏离方向，教学质量就会下降。总而言之，正确认识语文学科的性质，语文教学质量就得到了基本保证。

（二）中学语文教学目标

1. 不同层次的教学目标

教学目标分总目标、阶段目标和具体目标，这是三个不同层次的目标。

（1）总目标。总目标是指整个学科的教育目标，它通常由国家教育管理机构制定，以《大纲》的形式颁布。在教学过程中，要进一步培养学生热爱祖国语言文字、热爱中华优秀文化的感情，培养社会主义思想道德和爱国主义精神，培养高尚的审美情趣和一定的审美能力，引导学生关心当代文化生活，尊重多样文化，提高文化品位，满足不同学生的学习需求，发展健康个性，形成健全人格。对这个总目的理解，有四个方面的内容。

第一，中学语文教学的基本目标是：进一步提高学生的语文素养。能力培养目标是使学生具有适应实际需要的现代文阅读能力、写作能力和口语交际能力，具有初步的文学鉴赏能力和阅读浅易文言文的能力。

第二，语文教师要重视中学阶段的基础作用，要使学生继续加强积累，培养语感、发展思维，掌握语文学习的基本方法，养成自学语文的习惯，是学好语文的重要途径之一。

第三，强调在语文教学过程中提高学生文化品位和思想认识，陶冶道德情操，培养审美情趣。而不是脱离语文教学的实际，单纯地进行说教。

第四，语文教学要重视提高学生的整体素质，发展学生健康个性，形成健全人格。

（2）阶段目标。阶段目标是指把语文学习的整个过程分为若干个学习重点，不同但又是互为衔接的阶段，即在每一阶段所要达到的目的。

（3）具体目标。具体目标是教师在教学时在总目的和阶段目的的制约下，**根据教学内容、教学对象等具体情况而制定的教学目的**。它是实现总目标的基础。具体目标一般有：①教学一册课本应达到的目标；②教学一个单元应达到的目标；③教学一篇课文或进行一次能力训练应达到的目标；④教学一个特定课题应达到的目标；⑤养成学生良好的语文学习习惯的目的。其中③、④项是最具体的目的，是语文教师最值得重视的内容。

2. 确定具体教学目标的根据

教学目的不是随意确定的，也不能只凭教师个人的教学经验来定，而应有所依据。**教学目的的依据具体内容有以下方面**。

（1）教学大纲是我们教学活动的总纲。教师要认真钻研教学大纲，准确理解和把握教学目的，努力使所确定的教学目的符合教学大纲总目的、阶段目的的精神，并使之具体化。

（2）教材教师要认真钻研教材，分析并掌握教学内容，抓住重点，吃透难点，努力保证所确定的教学目标能具体体现教学内容。

（3）学生心理、生理特点和已有的知识、能力。要认真研究、分析学生的心理、生理特点和已有的知识、能力，努力保证所确定的教学目标既符合大纲要求，又能使多数学生经过努力都能达到。

3. 确定教学目的需要注意的问题

（1）表述科学、准确、具体。教学目的是学生进行学习活动的具体指标，是为了让学生知道每节课、每篇课文的学习目标。学生知道教学目标后，可根据教学目标积极主动地为实现这些目标而努力学习。因此，教学目标确定后，表述要科学、准确、具体。同时，目标要描述为学生的最终行为，不能描述成教师行为、教材内容、教学过程或教学程序等。

（2）确保教学目标的系统性。课本都由若干单元（或章节）组成，每一篇课文（或每一节）又可分为若干个知识点，教师应将学习内容按知识点做细致的划分，并确定其对应的教学目标水平。

（3）教学要因材施教。面对不同的班级，教学的内容、难度等也应有所不同，以让学生经过努力都可以达到的标准为度，不宜过易，也不宜过难。所以，教师备课教学目标时也要认认真真备班级、备方法，教学目标的水平应恰如其分，符合每个班级的实际情况。

（4）确定目标应尽可能考虑学生的个别差异。同一个班中学生间的个别差异总是存在的。因此，确定教学目的要尽量使不同的学生能以不同的方式在不同程度上达到所制定的教学目的，也就是使每个学生都能有所进步。

（5）教学目标要尽可能地包括复杂的高级认知目标、情感目标与能力目标，应把培养能力、激发兴趣、塑造人格、陶冶情操放在重要位置。

（6）教学目标最好能由师生共同商定，而不是完全由教师制定，以真正做到学生不懂的多讨论分析，已懂的就少讲或不讲，以充分发挥学生学习的主体作用，从而提高课堂教学的效率。

（三）中学语文教学内容

一切教学活动离不开教学内容。落实教学内容是完成教学任务、实现教学目的的根本途径。但教学内容的确定既受教学目的、教学任务的制约，又受社会需求和教学对象的特点所制约。尽管语文教学的主要内容来自课本中的文章（课文），但是，语文教师仍然要慎重地选择教学内容。一般而言，语文教学内容由下列四个方面组成。

1. 语文的基本素材

（1）字。对字的教学要求包括：①识字要求，扩大识字量，中学生认识 3500 个左右的常用字；②识字要求，认清字形、读准字音、理解字义；③写字要求，不写错别字，格式正确，书写规范、端正、整洁。

（2）词。词是能独立运用的最小的语言单位，人们日常进行思维、用于交际的是使用词而不是字。目前汉语基本词汇量是多少，中小学各个阶段词汇量教学具体要求是多少，至今还没有明确，有待今后进一步研究。但是，这并不妨碍我们在教学中要求学生尽可能多地掌握那些交际价值高、使用频繁的常用词汇。对词的教学要求是：①理解词的本义、引申意义以及比喻意义；②掌握词的用法（感情色彩、搭配规律等）。

（3）句子。句子的职能是表达思想，其教学内容大致有：①组句，通顺、合乎语法、能准确表达思维结果，有新意；②选择恰当的句式（祈使句、陈述句、疑问句、感叹句、特殊句式）；③正确使用标点符号标明语气；④培养语感，形成丰富的语感是学习语文的根基，通过朗读、背诵一定数量的文质兼美文章能够强化学生的语感。

2. 语文的基本能力

语文基本能力包括：①阅读能力（理解、鉴赏、评价）；②写作能力（掌握常用文体的写作要求，尝试文学作品的创作）；③口语交际能力；④综合运用语文的能力。

3. 语文的学习习惯

语文学习习惯包括：①说普通话、熟读背诵课文、美文的习惯；②规范书写、文面整洁美观的习惯；③勤查工具书的习惯；④推敲语言文字、积累语言材料的习惯；⑤写日记、积累写作素材的习惯；⑥讲述事理有见解、有条理的习惯；⑦阅读优秀课外作品，鉴赏、评析、写笔记的习惯；⑧听、看时事，说、写评论的习惯。

4. 语文的其他内容

（1）培养学生的爱国主义精神，激发学生热爱祖国语文的感情，培养社会主义思想道德品质。

（2）扩大知识面，努力开拓学生视野，注重培养创新精神，提高文化品位和审美情趣。

（3）引导学生形成正确的人生观、价值观、世界观，发展学生的健康个性，逐步形成健全人格。

（四）中学语文教学过程

中学语文教学过程是指学生在教师的组织和指导下，有目的、有计划地学习课文及语文基础知识，进行听说读写训练，从而使学生获得语文知识、形成语文能力的过程。

语文教学过程包含着教师教的过程和学生学的过程。研究教学过程的特征，是教师工作的中心。因为教学任务的落实、教学目的的实现必定要通过一定的教学程序。教师的教与学生的学，只有通过教学过程才能满足各自的目的，追求教学过程的最优化，即教学的高质量。

1. 中学语文教学过程的特征

（1）稳定性和变动性。语文教学过程一般是按照学生学习语文的规律来安排的。例如，写作文一般有"观察—取材—整理—构思—成文—修改"等基本阶段，有一个从模仿到独立创作的过程。学习过程就是朝着既定的目标逐步地"循序渐进"，这个"序"就是规律。语文教学的有序，使得教学过程有了稳定性。但是，如果把教学过程理解成是静态的、固定不变的，就会使语文教学成为一个不变的模式。每一节课的教学目的不同，教学内容不同，教学方法不同，学生的思想状况、知识积累、感情状态不同都会使教学过程发生变化。所以，语文教师要对语文教学过程进行不断的研究和探索，而不要把某种具体的方式当成普遍适用的过程，使语文教学程式化。

（2）阶段性和连续性。语文学习要循序渐进，读课文，一般有一个感知课文—理解消化—复习巩固—练习运用的基本步骤，这些步骤体现了语文教学具有阶段性。阅读教学、写作教学、听说教学都有阶段性。阶段的划分有助于教师针对一个阶段的学习内容、学生状态来制定教学目的和教学方法。但是，阶段性的划分也不是绝对的。读课文时，在感知中有理解，在理解中又有新的发现，在练习中加深理解，在运用中又有新的感知，在写作过程中，边观察边整理材料，一边写作一边更改是很常见的事情，这使得教学过程有了连续性，语文教师在执教过程中要根据这种情况统筹把握教学进度，在某个教学阶段中，既突出教学重点，又兼顾一般的知识积累和能力训练。

（3）整体性和局部性。这一对特点在阅读教学中体现得尤为明显。文章是由词句相连而成的，离开词句去理解文章自然不可能，每个词句只有放在具体的文章中才可能理解它的确切含义。因此，从根本上说，整体包含了局部，局部从某一个方面体现着整体，整体和局部是统一的。在阅读教学中理解一篇文章的合理顺序应该是"整体—局部—整体"。因为只有从整体上把握了文章作者的感情、思想、文章的内容、形式特点，对局部的理解才能做到更为准确、透彻。

2. 中学语文教学过程的类型

人们根据各自的认识，按照不同的划分标准，将语文教学过程划分成不同层次、不同类型的教学过程。这有利于教师根据不同类型的教学过程，采用不同的教学策略，设计不同的教学模式。

（1）根据教学内容、能力训练目的不同，中学语文的教学过程可以分为：①阅读教学过程；②写作的教学过程；③听话能力的训练过程；④说话能力的训练过程；⑤语文知识教学过程。

（2）根据不同层次、时段，中学语文教学过程可分为：①中学语文学科的整个教学过程；②学期语文教学过程；③单元课文教学过程；④单篇课文的教学过程；⑤单节课型。

3. 中学语文单篇课文的教学过程

单篇课文的教学是语文教学最基本也是经常实施的过程。这是因为人们的阅读常常是以一篇文章为基本单位的。语文教学就是以一篇文章为范例，教会学生阅读同一类文章。将教与学都分成相对独立又彼此联系的三个阶段，即预习阶段—教读阶段—复习、巩固阶段。各个阶段有不同的内容和要求，具体内容有以下三方面。

（1）新课导入。

第一，新课导入的作用。

一是调动学生情感，激发学习兴趣。语文课堂教学是一门艺术，而课堂导语更是艺术中的艺术，每一节课开场白的好坏关系到是否能充分利用课堂每一分钟，直接影响到课堂的教学效率。一个好的开头是师生间建立感情的第一座桥梁，它既能引起学生的兴趣，又能激发学生的求知欲，为整节课的学习奠定良好的开头，使整个教学活动进行得生动、活泼、自然。

二是明确学习目的，提示学习方法。如果说一节课是响鼓，那么导语则是重槌的第一槌，一定要浑厚激越，声声击到学生的心扉上，让学生的思维在碰撞中产生智慧的火花，消除其他课程的延续思维或心理杂念的干扰，把学生的注意力迅速集中起来，饶有兴趣地投入到新的学习情境中去，提高学习效率。

第二，新课导入的方法。

一是设置悬念导入。例如，在学习《鸿门宴》时，有位教师首先让学生听歌曲《霸王别姬》，音乐声响起，学生立即被歌曲中所体现出来的项羽对虞姬的万丈柔情以及英雄末路的无奈深深吸引，然后我问："曾经是'力拔山兮气盖世'的项羽，怎么会沦落到这样一种下场呢？让我们来看一下司马迁是如何告诉我们的。"这样便将学生的思维引入了恰当的轨道，让他们在不知不觉中进入角色。

二是创设情景导入。例如，在学习《念奴娇·赤壁怀古》时这样导入："许多古人，每见名山大川，必有所感怀。例如，孔子'登泰山而小天下'；范仲淹因观洞庭而忧苍生，挥笔写下《岳阳楼记》，留下'先天下之忧而忧，后天下之乐而乐'的高洁心迹；欧阳贬谪滁州而醉山水，他们心为山动，情为水发，锦文华章喷涌而出，留下许多千古绝唱。宋代文豪苏东坡来到历经沧桑的赤壁古战场，同样情难自已，醉书一阕《念奴娇》，让后人传唱。"

三是引用（典故、诗词、对联、名言警句、故事）导入。以一些故事来导入课文，无疑会起到事半功倍的效果。对联是我国的传统文化，对于它，学生知道得不多，但都很想了解，教师如抓住学生的这一求知欲进行适当的引导，便能起到很好的效果。根据对联，学生很快领会课文中作者的所想表达的情感，理解文章方便了许多。

四是联系实际（社会实际、学生阅读实际、写作实际、生活实际）导入。

五是回顾导入（复习旧课文导入）。如相同作家的作品、相同形式的作品。回顾旧知识是导入新课的常用方法。例如，在教授《致橡树》时，简单的几句话不仅点明了前两篇课文的风格，也交代了新课的主要内容，引起学生对前两课内容的回忆，从而更好地投入到新课学习中去。

六是课导语设计上，除上述示例外，还有审题导入、图示导入、提示问题导入、提炼观点导入、介绍背景导入、针对语病导入、点出人物导入等。

第三，应注意的问题。应注意的问题包括三个方面。①紧扣课文中心。不管采用哪一种导语设计，都要为全课的教学目的和教学重点服务，与讲课的内容紧密相联、自然衔接。②符合学生实际，学生能够且乐于接受。③语言简洁、生动，内容新颖别致，力求多姿多彩，要给学生以新鲜感，造成一种良好的学习心态，避免落入俗套。

（2）预习阶段。教师上课之前要备课，学生上课之前也要做好准备，教学双方都有准备，教学过程中师生的教与学的活动就会更协调。

第一，预习的作用。预习的作用包括：①使学生初步感知教材，掌握大意，理出疑难点，加强听课的针对性；②促使学生养成主动学习的良好习惯，培养自主学习的能力；③对于教师而言，可以提前发现学生在学习新课文时的疑难点，加强下一阶段教学的针对性。

第二，预习的类型。

一是从时间上分，可分为课内预习与课外预习。课内预习有利于学生之间的相互交流，有利于教师的指导；课外预习有利于学生独立思考能力的充分发挥。学生能根据各自的学科灵活安排时间，可按照自己的能力调节预习进度。

二是从预习目标上分。可分为定向预习与不定向预习。定向预习是要求学生以课文中的一个方面内容作为预习重点，不对课文理解提出全面的要求；不定向预习则要求学生对课文做初步的、全面的理解，从字、词、句到课文内容、形式的掌握都有所要求。

三是从预习方法上分，可为疏通式预习与质疑式预习。疏通式预习是指要求学生借助工具书，理解生字、新词，能较畅通地阅读课文并初通文义。一般学习难度较大的课文时，采用疏通式预习；质疑式预习是要求学生在预习课文时提出一些有质量的问题，（或由教师提出问题）促使学生在读课文时，学会透过文章的字面意义，理解文章的深层含义。一般学习浅易文章时，采用质疑式预习。

四是从预习的内容容量上分，可分为单篇预习与单元预习。单元预习是指在单篇预习的基础上，将单元内的几篇课文做比较，同类文章可找出规律，不同文章可辨别各自的特色。确定预习类型，要因文制宜、因人（学生）制宜。

第三，预习指导。提出预习要求。教师在学生预习前提出问题，列出预习提纲，让学生带着问题去预习课文，使预习更有目的性、更扎实（那种空泛的要求学生预习对一些学生而言收效甚微）。但是一定要注意：预习目标要明确具体，要求不宜过高，难度不宜太大。

（3）教读阶段。教读阶段，是指教师指导学生在预习的基础上全面深入地理解课文，解决在预习中不能独立解决的疑难问题，传授读书方法、培养阅读能力的阶段。在这一阶段中教师不仅是传授知识，而且更主要的是培养能力，教师要结合课文，教给学生读书方法，使学生在学习基础知识、理解课文的同时，掌握阅读同类文章的方法，并逐步形成稳定的阅读能力。教读阶段一般有八个环节，具体内容有以下方面。

第一，指导理解文章标题。文章的标题与文章的内容、中心思想、体裁有着密切的关系。指导学生理解标题，不但有助于学生掌握课文的主要内容或形式特征，而且可以培养学生的审题能力、锤炼言语的能力，为写作教学奠定基础。

第二，介绍作家和时代背景等相关知识。教学生在阅读距离现实时代较久远的作品、外国文学作品以及长篇小说节录部分等课文时，一般应介绍作家简况及与作品相关的背景知识，其目的是为了消除时代隔阂、地域隔阂。教读长篇小说节录类的课文适当介绍作品的全貌有利学生了解节录部分与全文的关系，在全文中的地位等这些都有助于学生理解课文应注意的问题。

第三，文字教学。文字教学是阅读教学的基本内容，始终处于先行的工具地位。自古以来，语文教学都以识字教学为起点，它是阅读与写作的基础。在这方面传统的特别是宋代以后的识字教学为后辈树立了很好的榜样，当时采取的方法是集中识字。课本为《三字经》《百家姓》《千字文》。三本合起来是 2000 多个常用字，要求学生会读、会背诵、会默写。在这个过程中配合念一些诗或韵语知识读物，如《蒙求》《日记故事》《幼学琼林》等，既扩大识字量，又增加一些常识，还能提高阅读兴趣，这种做法的基本经验是：先集中识字，解决阅读的基本问题，再逐步扩大识字量。这种做法今天仍值得借鉴。

第四，词汇教学。在当前的语文教学中，要特别强调词汇教学，学生语文水平的高低取决于词汇的储备。理解课文也与词汇量相关。即使是教师在钻研课文时，能否很快地抓住课文的关键词语，也和词汇量有关。

第五，句子教学。句子是构成文章的基本单位。阅读课文时，要体会文章内容、作者的思想感情，必须通过理解完整的句义才可以，所以句子教学在阅读教学中占有非常重要的地位。教读一篇课文，并非句句必讲，其中的原因是显而易见的。首先，时间不允许；其次，学生从小学开始学语文，有一定的句子积累；最后，在母语环境中学母语，社会用语也会给学生一定的启发。所以，句子教学也要有重点，句子教学的基本要求是先要讲清楚句子的意义，然后讲清楚句子的表达技巧，同时也要讲清楚句子间的逻辑关系。

第六，段落教学。段落教学在阅读教学中也是一种基础能力的教学。段落是文章的直接组成部分，理解段落即理解课文，段落之间的联系也体现了作者的行文思路、写作线索、写作顺序，所以段落教学的意义在于：①引导学生掌握常用文体的结构形式、提高布局谋篇的能力、增强表达的条理性；②提高学生分析归纳、综合、概括能力，提高阅读效率。

第七，求旨教学。求旨教学的内容包括归纳文章的主题，领会文章的社会地位和影响，同时学习作者是如何根据主题组织材料、安排文章结构的。求旨教学目的在于：①指导学生把握课文的中心内容及思想意义；②在培养阅读能力的同时，训练学生的思维能力，发展智力，完善思想品格和提高人文素养。

第八，篇章教学。篇章教学的目的主要在于：①使学生掌握常用的表达方式、修辞方法、语言运用的技巧，培养常用文体的写作能力；②培养对作品的鉴赏能力。如果说，求旨教学侧重于从内容上提高鉴赏水平，那么，篇章则是从文章的形式上提高学生的鉴赏水平。

（五）中学语文教学原则

对原则特性的认识有助于教学更好地贯彻原则，中学语文教学的原则特性具体内容有以下八点。

1. 客观性原则

语文教学原则是语文教学规律的理论概括。规律是事物发展过程中本身所固的、本质的、稳定的联系，是客观存在的。这决定了语文教学原则具有客观性。换言之，教师只要进行教学，他都在自觉或不自觉地执行、贯彻某些原则。同时，为人们所公认的语文教学原则，一般都经过一定的教学实践所检验，是相对稳定的认识结果，更具有客观性。

2. 主观性原则

语文教学原则是人们对语文教学规律的认识结果，规律是客观存在的，是第一性的，但认识是人的主观意识，它是第二性的。

（1）人的主观认识不同。人的意识千差万别，归纳出来的认识结果有主观色彩的因素就不可避免。如人们对语文内容和形式的处理关系的表述就有"文道统一""工具性与人文性相融合"等不同的归纳，反映出对这一关系的认识不尽相同。换言之，不同提法中包含了人在认识规律上的主观色彩，这是教学原则具有主观性的证明之一。

（2）教学实践的活动形态也不同。教学规律不同于自然规律，它是通过师生的实践活动来体现的。由于思想认识不同、方法手段不同，活动的内容、形式也不尽相同，再加上人们从不同角度去观察，把认识结果抽象为指导教学实践的教学原则，就不可避免地带有主观性。

3. 整体性原则

人们根据对语文教学实践的认识不同，可以从不同角度、不同层次提出不同的教学原则，但是这些原则都不能单独存在于语文教学实践之中，每一条原则层次不同、作用不同，但都与其他原则一起共同体现在语文教学的体系之中，它们和客观实践一样，是互相联系的，是共同为语文教学实践服务的，所以它具有整体性。因此，教师在教学中，要有整体观念，要自觉地全面贯彻语文教学原则。

4. 发展性原则

由于科学水平的提高，人们对客观事物的认识水平也逐步深入，对语文教学实践的认识也不断深化，因此对语文教学规律的认识也不断深化，所提出的教学原则也更符合教学规律，这就决定了语文教学原则具有发展性。作为一个语文教师应该在实践中不断探索，更好地把握语文教学规律，深入研究、认真总结，并使之成为理论，使语文教学更加科学化、规范化。

5. 语文素质教育和人文素养培养相融合的原则

语文是最重要的交际工具，同时语文也是最重要的文化载体。这赋予语文教学进行人文素质教育的任务。为此，在面向新世纪人才需要的今天，我们必须树立大语文观，在向学生传授语文知识、培养语文能力的过程中注重学生人文素质的培养。

人文，是指与人类社会有直接关系的文化现象，人们一般把文学、史学、哲学、经济学、政治学、法学、伦理学、语言学和艺术等统称为人文科学。人文素质，是指社会中的人建立在人文科学知识之上，通过对人类优秀文化吸纳、受人类优秀文化熏陶所反映出来的精神风貌和内在气质的综合体现。那么人文素质教育的目标就是提高人的文化修养、理论修养、道德修养，就是要教会学生怎样做人。

另外，语文能力与人文素质都是现实和未来对人的需求，作为基础教育，其使命价值体现于未来。教育学生做"有理想、有道德、有文化、有纪律"的人才，必须以人文素质为基础，人文素质是一个人的道德修养的基础，是学生学会做人的基础。人文教育应当作为提高学生思想道德素质的重要手段，也应当作为国家经济发展、社会进步的重要手段。重视和加强对学生的人文素质的培养是时代的需求，也是当务之急。语文教学要责无旁贷地承担人文素质教育。原则贯彻的途径方法有以下四点。

（1）提高认识，准确把握范文的语文因素和人文精神，确定恰当的教学目的和要求。中学语文课文的选文标准是"文质兼美"，无论就其内容或形式而言。既符合学生的认识水平，适合教学，又富有健康高尚的文化品位。宣扬了中华民族的优秀传统道德观。中华民族优秀的传统美德慢慢积淀成民族精神，成为优秀中华儿女的精神支柱。在新的历史条件下，教学更应该适应时代的要求，发挥语文学科的作用，利用语文教材中那些优美的篇章，在教学过程中深入地学习课文，在掌握生字、生词、句式、修辞等知识、训练语文能力的同时，对学生进行做人的教育。语文教育不同于其他学科的个性特点就是语文是一种语言文化教育，人的素质的提高，人的心灵的养成，是文化熏陶、文化积累的结果，是书化的结果。语文教育就是要习文悟道，以文化人，培养学生高尚的道德情操、高雅的兴趣爱好、高层次的人生追求，使语文能力和文化人格平衡发展。

（2）改进教学方法，调动学生的学习积极性和创造精神。如果要在中学语文教学中渗透人文教育，必须做到以下三点。

第一，关注心灵。在师生关系上，是"我和你"的关系，是灵魂之间的交流，而不是一种改造与被改造、占有与被占有的关系。关注心灵，首先，要处理好师生关系。现在一般的提法是，师生在课堂上为"主导性和主体性"的关系，在平时是朋友关系。地位是平等的，交流是相互的。关注心灵，其次，是要有意识地引导学生学会关注心灵。中学课本所选的文学作品都是精品，许多的文学形象血肉饱满，他们的心灵就很值得学生去关注，例如，屈原、文天祥等。

第二，尊重个性。每个人都有自我意识，但这种意识并不是先天形成的，而是后天生成的。人和物的本质区别就在于人不是现存的东西，人只是一种存在的可能性，在自己的存在中，人不断领会属于本身规定性的东西，人只是根据他内在的可能性在筹划、在自我设计，并不断获得自己的本质。一个人的意识逐渐变得不同于他人，这一过程就是所谓的个性化。而不同于他人的意识，便成了个性。教师不但要关注学生的自我意识，更要尊重他的个性，鼓励发展个人意识，强调个人的选择自由以及对自己选择的责任，帮助养成一种学会对自己负责的生活态度。

第三，鼓励创造。人的自我意识的不断生成过程便是个性化的过程。但是，任何重复性活动都不可能构成真正的自我。人只有永不满足于当下的实然状态，不断向着一种更高层次的未然状态迈进，即不断地创造和追求，才能不断展现、充实自己的本质。创新是一种能力，更是一种价值的体现。语文教学要真正走上一条尊重人、尊重生命、鼓励创造的道路，并且很好地把握住"意义"和"知识"的层面，以价值理性来升华工具理性，从而使教育有益于人性的充实。

（3）坚持在正确思想指导下，对学生进行严格的听说读写训练。学生听说读写能力的高下是教学质量优劣的反映，亦是素质教育成功与失败的一个重要评价标准。语文教师要在全面提高学生素质的思想指导下，对学生进行严格的听说读写训练。素质教育并不排斥内容丰富、形式多样、角度多变的语文训练。这主要基于以下两点。

第一，语文教学的工具性。语文教学的着眼点是培养学生掌握语文工具的能力，而能力只有经过反复的训练才会形成，因此，必须把训练作为贯穿整个教学过程的基本线索。

第二，主导和主体的关系也只有在一个组织得很好的训练过程中才能得到和谐、辩证的统一。学生的语文能力是"练"会的，而不是"教"会的。语文训练形式多种多样，如课前五分钟说话训练，让学生在指定时间讲、读新闻，配合教材，说一个故事，讲一个道理，描述一个人物，或者背诵古诗文、精彩文段，谈谈对某一问题的看法，举办演讲、说相声、辩论会、课本剧表演等。要突出强调的是，训练要有明确的计划和不同年级的具体要求，并且做到形式多样，使学生愿意练习，更乐于练习。

（4）应注意的问题。首先，人文素养培养要在语文教学的过程中进行，要"潜移默化"而不要"说教"；其次，对课文的理解不能牵强附会。

6. 言语训练与思维训练相结合的原则

思维是人脑特有的机能，"想事情""动脑筋"等就是思维活动，思维伴随着人类社会的产生而产生，并随着社会的发展而发展。对于个人而言，思维的提高与接受教育有直接的关系，要提高思维能力，则必须接受教育。

语言是思维的产物，是思维的工具。如果没有思维活动，没有思想，语言作为思维的工具和交流思想的工具也就没有存在的必要；如果没有语言，思维活动也不能进行。由此可见，语言和思维相互依存、不可分割。语文学科要培养学生的言语能力，不能只顾言语而脱离思维培养。

思维能力是听说读写能力的核心。语文教学的任务是培养学生的听说读写能力，尤其要重视培养学生的创造性思维。听说读写都和思维密切相关。如果一个人思维不敏捷、思路不开阔、思考不周密、思想认识不深刻、思维缺乏创造性，那么他的听说读写都不可能是高水平的。由此可见，在语文教学中加强思维训练是十分必要的，也是相当重要的。换言之，加强思维训练是提高语文教学质量的重要环节。

学习语文的基本目标在于：读别人写的文章能够正确理解；听别人讲话能够顺情晓理；自己有所思、有所悟能够提笔成文，能够对别人讲清楚。换言之，就是要具有一定的听说读写能力。因此，语文教学绝不能仅限于让学生掌握尽量多的词汇和通晓文法，还应注重培养学生的思维能力。在教学实践中，一个班的学生所学课程应该说相同，掌握的词汇量、文法常识应当说相差不会悬殊，但是理解能力和表达能力相距甚远。其原因固然种种，但思维能力的差异应当是关键因素，提高学生思维素质、培养学生思维能力是十分必要的，应视为语文教学的重要内容。原则贯彻的途径和方法内容有以下方面。

（1）正确处理知识、智力和能力的关系。在学生学习阶段，知识特指对专业文化周围程度的总称；智力则是运用知识解决在学习中遇到的新问题的品质；能力则是指能够胜任某项任务的主观条件。智力是能力的内质，能力是智力的外化，而知识则是构成智力和能力的基础。语文教学的最终目的是使学生获得听说读写的能力。学习知识不去练习运用，就难以内化为智力因素，也就形成不了能力。人们接受了外界客观事物变成了存储于大脑皮质的表象，再现表象是否清晰只说明人的记忆能力的强弱，而重新安排、组合表象并加以外化才是思维的高级形式。

所以，单纯语言知识的传授特别是那些单调的、机械的、重复的、烦琐的知识讲解，如果缺乏思维引导和实际练习，无助于学生言语能力的提高。如果在语文教学中，株守课本，刻板记忆字义、词义、语义，就会使学生的思维逐渐僵化、机械，思维的空间就会缩小，就会影响智力的发展，从而使思维阅读能力都大幅下降。只有让学生理解字、词、句的意义，并掌握了它们的运用规律（如运用范围、场合、感情色彩、逻辑规律等基本要素）并且要求他们动口、动手，进行实践操作训练，组成新的文义，就能使学生的智力能力逐步得到提高。

（2）自觉把思维训练贯彻于语文教学的全过程。语文教学中的思维训练并不是在完成了预定的教学任务之后，另外添加的教学内容，而是在进行听说读写训练的时候，其中就融进思维训练。这就是所谓的寓思维训练于听说读写训练之中。尽管对思维训练的认识还存在着这样或那样的差异，然而，实际情况是，每一位语文教师都自觉或不自觉地在教学过程中不同程度地进行思维训练。有所不同的是，有的是有意识进行的，有的是无意识进行的。在课堂上指导学生划分文章的段落层次，理解人物的诸方面思想品质，领会事件的多种性质等，这就是把阅读对象分解为若干组成部分并逐一认识其本质属性，即思维过程中的分析。

在课堂上指导学生总结段落大意，总结人物的性格，总结事件的总体性质等，这就是把阅读对象的各个组成部分和它们分别的本质属性作为一个整体，即思维过程中的综合。在课堂上指导学生通过课文叙写的人物、事件等领会课文的思想内容，这就是从具体事实中概括一般原理，即思维形式中的归纳。在课堂指导学生运用学到的语文知识去理解语言现象，这就是由一般原理推出特殊情况的结论，即思维形式中的演绎。

上述的教学活动，在语文教学的课堂上极为普遍。由此可见，此类教学活动有意识地去做和无意误解地进行，其效果是不一样的。如果具有进行思维训练的意识，在课堂上进行此类活动时，有意识地针对教材和学生的实际情况，恰当地传授思维方面的知识，或传授一些思维的方法。因此，作为语文教师，具有或增强在语文教学过程中的思维训练意识是非常重要的。

（3）在听说读写训练中发展学生的思维能力。进行思维训练的目的是为了培养学生的思维能力，提高学生思维的质量，使学生的思维具有良好的品质。具体而言，就是要培养学生思维的敏捷性、广阔性、深刻性、周密性和创造性，促使他们的思维发达起来。教师要有意识地采取多种有效措施去培养学生的各种思维品质。

第一，多方探求。所谓多方探求，是指在思考问题的时候，不满足于一得之见，而是进行多方面的探索，寻求种种答案。

第二，彼此联系。如果孤立地去看一个事物，就有可能得出片面的甚至错误的结论；如果有关事物联系起来认识，就有可能得出全面、正确的结论。所以，在认识事物时，指导学生运用"彼此联系"的方法，可以培养学生思维的周密性。

（4）培养学生思维的创造性。培养学生思维的创造性的途径有：多向思维训练、变向思维训练即训练学生变方向、变角度、变途径地思考问题，改变习惯思路，摆脱思维常规。

（5）培养学生独立思考习惯，提高自学能力。课堂上的教学相对来说，属于"集体思考"，集体思考的作用无疑是巨大的，师生之间、同学之间相互学习、相互交流、相互启发、相互促进。但是，学校教学的班级制毕竟不能照顾学生的个别差异，同一内容、同一进度会带来一定程度上的不平衡。因此，必须鼓励学生自学。

培养自学能力，关键在于培养独立思考的能力。语文教师培养学生独立思考能力，有两个很有利的机会：一是抓课前预习；二是抓复习巩固。这两个阶段相对教读阶段而言是独立思考活动的机会较多的阶段。在预习时，既可以让学生"发疑""解疑"，也可以让教师在新旧知识衔接的地方、在新知识的关键点上"设疑"，让学生独立思考。教师设疑要注意新颖性，以调动学生的思维积极性，帮助学生养成思维习惯。在复习中，教师要设计一些能促使学生咀嚼、消化、品评课文的训练题，而不要设计那些单纯记忆、背诵的题目。相信持之以恒，学生的思维能力一定会有所提高。

（6）应注意的问题。

第一，注意激发学生的思考兴趣（内容、形式的多样性、问题设计的灵活性），如适当做一些像脑筋急转弯之类的智力游戏。脑筋急转弯是一种时兴的智力游戏，深受青少年朋友喜爱。它不仅可以培养一个人的机智感和幽默感，还可以在娱乐中培养人的思维能力，以及求异性。

第二，注意知识的分析、比较、总结、归纳，掌握规律。

7. 听说读写综合训练的原则

语文教学要进一步指导学生正确的理解和运用祖国语文，提高阅读、写作和交际能力，发展学生的语感和思维，养成学习语文的良好习惯。读写能力是学习、工作、生活的重要条件，必须着力培育；听说能力在现代生活中日益需要，也应该加强训练。教师要全面完成大纲所提出的教学任务。

在听说读写四种基本能力中，有一个共同的因素，即理解和运用语言文字。读、听是通过视觉、听觉对言语的吸收，达到增长知识、发展能力的目的；说、写是动口、动手以语言为物质手段进行表达，达到交流思想、表达感情的目的。脑科学和心理学的研究成果证明，语言的感知、摄取"内化"，是以理解意义为决定性的条件的。理解是沟通口头语言、书面语言和语言的内化、外化的枢纽。因此，听说读写四种能力的提高发展有一个同步发展的规律，而这个规律是由语言的理解力来调节的。语文教学中自觉遵守同步规律，才能使学生四种能力协调发展；违背同步规律，就会出现能说不会写、会写不会说、光听不会记、会读不会用的不协调现象，这种不协调或者不平衡最终会制约语文能力的提高，即发展到一定程度后再也难以提高。

语文教学的实践也一再证明了听说读写是互相联系、互为发展、互为制约、互相促进的。从读写活动来看，读为写奠定基础。写是运用，但也能促进读的范围加大、读的深度提高，听说的相互作用也是如此。此外，有经验的语文教师都曾体验到，如果学生对某篇文章阅读兴趣浓厚，经过初读后就能发表见解，这篇文章即使教师不讲，学生也能写出学习心得体会。这种现象证明了读和写是互相促进的。一个人既能听得出"弦外音"，又读得懂"潜台词"，则说明了理解能力在听读中的协调作用。

听说读写四种能力在实践运用中都不完全是孤立进行的，尽管在某个单位时间里，可以运用某种能力达到某种单一的目的，但最终目的却不是单一的能力所能达到的，人们要学习新知识，就要去读书，但通过单一的读不能有效地提高学习效率。必须通过写、听、说的配合，才能提高学习效率。人们为了达到某种交际目的，可以通过说或写去表达自己的思想、感受，或向别人介绍某种事物、吐露某种心迹，但交际不是单方的活动，他还得接受别人的反馈，这就必须运用听和读去实现这一目的。交际活动的全过程要么通过双方的听说形式，要么通过读写的方式才能完成。所以，在实践运用中听说读写四种能力是不能截然分开的。

大脑皮质上有各种不同的功能区，但并非大脑皮质本身具有记录不同表象的功能差别。功能区的形成主要是由与各种感官同联系的投射纤维在大脑皮质上的投射角度和投射部位决定的。大脑功能具有整体效应，人的心理是一个完整的统一体，人们要认识同一个客观事物，运用的感觉器官越多，使用的方法越多，认识就越全面，效果就越好。

因此，任何学科的教学都应该使学生各种能力得到全面的发展和充分的发挥，语文能力本身就是听说读写四种基本能力构成的，在教学中就更应该遵循整体性原则。

（1）原则贯彻的途径和方法。

第一，把握教材中听说读写的因素，选择好结合点，恰当安排训练内容，选择教学方法。贯彻这一原则，教师首先要更新观念，观念更新才能出内容、出方法。在以往的语文教学中，往往重视读写而轻视听说训练。其中原因之一大概是受传统语文教学的影响所致。在古代，学校处于封闭状态，语文教学从识字开始，沿着识字—写字—读文章—写文章的顺序发展，然后凭借文章进入仕途，而听说从来不考，所以不被重视；原因之二，翻遍文献史料，从古至今，听说教学从未有专门课本做凭据，而阅读教学从《千字文》到《古文观止》，有多种教材能够适应不同阶段的教学需要，因而听说就变成可有可无的内容；原因之三是由于人们的偏见，认为听说活动无须专门训练。其实，这些都是从表面看问题，并未从实质上考察听说在教与学双方中所起的巨大作用。

第二，学校教育以读写为主有其特殊原因，阅读与写作一般都用规范化的书面语言，对听说活动是一种正面的引导，对听说能力的养成有很大的促进作用。读写教学是"物化"的过程，人们容易看到，其中时时伴随着听说，离开听说，教学过程不可能存在。尤其是"听"，它的作用是内隐的，学生接受教师的教育，"听"的作用特别重要。即使是传统教学中，教师也应该重视听和说的作用。

第三，要注意结合课文内容，以点带面，既突出重点，又兼顾综合训练，使学生四种能力真正协调发展。另外，教师要有意识地把听说读写综合在一起训练，为学生提供更多运用的机会。如上课时记笔记、写作文前先"说文"等。

第四，培养学生良好的听说读写的习惯。仔细分析语文教学过程，会发现听说读写自始至终存在其中，学生通过眼看接受知识信息，利用脑想、手记来理解知识，再通过口述、笔写等手段运用知识解决问题。由此可见，语文教学课堂是通过师生双方的听说读写综合运用来实现目的的。教师要着力培育学生综合运用四种能力的习惯，学生读书，要求他们勤查工具书，学会圈点批注，上课勤做笔记，课后写读书笔记。例如，唐朝诗人李贺外出总是背着一个破锦囊，"遇有所得，即投书囊中"，想到了妙言警句，随时记录，不断积累，终于成为一个出色的诗人。这些方法都值得学生借鉴。

第五，注重课外活动的指导，开展多种综合课外语文活动，营造全面训练的大环境。由于课内时间有限，相对完整的听说读写往往安排在课外进行，例如，阅读文章后写心得体会、编写"手抄报"等活动在课内是难以完成的，所以，进行听说读写的综合训练需要课外的配合。教师要重视课外活动的指导，要根据学生的思想、能力、兴趣等不同情况，将听说读写的综合训练延伸到课外，使学生的综合能力得到切实提高。

（2）应注意的问题。

第一，要根据实际安排训练内容和训练方式。综合训练并非每一次都要四种能力平均训练。可根据课文内容实际、学生实际、教学条件实际、社会实际等因素恰当安排训练内容和训练方式。例如，组织参观图书馆，就可以进行采访活动、听介绍中笔录、做读书卡片等；开辩论会、演讲会、报告会；参观展览会、采访先进模范人物等。

第二，防止简单结合。听说读写的综合训练，应该根据教学内容做合理的安排，既要考虑学生实际，又要考虑训练的序列和科学性。防止简单结合，有的老师教读《春》后让学生写《秋》，教读《记一辆纺车》后写《记一辆自行车》，这种不顾客观条件、不顾训练序列的做法反而会造成训练的不协调，最终挫伤学生的学习积极性。

8. 课内语文学习与课外语文学习互相促进的原则

语文学习与生活本身是天然联系的、统一的整体。语文学习和社会生活是广泛的、紧密地联系在一起的。语文学习的外延和生活的外延相等，学习语文离不开生活，生活中处处可以学语文。语文天然是与生活联系的。美国教育学家杜威十分强调学习过程中经验的重要性，特别是学生的已有经验及先前知识。他提倡"教育就是生活"，意思就是教育不能脱离生活内容，不能脱离解决学习者的生活问题。学生应该学会在生活中学习语文，收集各种有用的材料，应用所学的语文技巧，每天阅读和写作，随时随地把握学习语文的机会。

教师引导学生扎根在社会生活这个"天然教室"，让学生运用自己的生活经验理解课文，并运用课堂上所学知识到生活中去实际应用——撰写自己的生活，自然会淡化语法教学、淡化词语教学、淡化阅读分析教学。这有助于培养学生对语文学习的兴趣，有助于学生对社会的认识及责任感。学生通过主动、积极、独立地学习语文，面向世界、认识世界，创造个人的世界，发挥个人的潜能，培养足够的能力和信心。这种课堂教学、课外学习相辅相成的教学形式，有利于学生生动活泼的学习，有利于学以致用和学文育人，有利于学生学会认知、学会做事、学会共同生活、学会发展、学会关心，使学生的个性、差异、自主、潜能得以充分发展，使学生的气质现代化、观念现代化、思想现代化。而且，课堂语文训练和课外语文生活实践的强有力结合，有利于培养学生"生活处处皆语文"的大语文学习习惯。有了这个习惯，学生就会对课本以外的自然、生活、社会等大范围的、多角度的生活内容广泛涉猎、获取，必将为课堂语文学习做良好的铺垫，从而实现从单一的语文课堂步入广泛的社会语文空间，在学语文的同时学做人，最终实现人格的自我完善。

（1）语文学习的社会性与语文教学的有限性。语文教学是有限的：课堂常规教学要受时间、空间的限制；在内容上要受教材和教师素养的限制；在教学形式上要受物质条件的限制。因此，课堂上的听说读写训练很难满足社会生活丰富多彩的言语交际的需要。所以，语文教学必须联系生活，必须深入生活。

各学科都非常重视课外学习与课内学习的配合，但语文学科提倡课外学习有与其他学科不相同的独特意义和条件。我们教学的是母语，母语教学有宽广的学习环境是语文教学的优势。社会用语环境为语文学习提供了便利，可以这么说，一切言语交际的场合都可以学语文，学了有用、学了能用，边学边用，两者相得益彰；课内语文学习规范、指导课外语文学习的内容和形式，课外语文学习巩固、运用课内语文学习的知识和能力。两者也相得益彰。

（2）语文能力形成、发展的客观规律。语文能力是一种综合能力。能力的形成和发展有多种条件，其中主要的条件涉及以下方面。

第一，能力的形成需要大量的实际操作，能力的发展更需要与实践的配合。语文能力的形成需要知识和智力做基础，这里所说的知识包括社会知识、风俗习惯、历史传统等等，而语文课堂教学时间有限，不可能涉及这么广泛的内容。

第二，语文能力的培养目的重在运用，离开课外生动活泼的生活环境，仅靠课内特设的情景训练，言语内容很容易脱离生活、脱离实际，变成千篇一律的"学生腔"，这种脱离实际的"学生腔"不但在社会上不适用，而且会给学生今后的学习、工作、生活造成困难。

第三，语言反映人类社会的事、情、理、志，表现民族精神、民族情操、民族审美情趣等，负载着丰富多彩的文化。在语文训练过程中如果不理解这些文化内容，就不能理解语言的表现力，不能运用语言很好地表情达意；如果理解了这些文化内容，就能更好地理解语言的表现力，更好地用语言表情达意，语言本身就是人的生命意志的体现。纵观古今，优秀的文学作品，其动人之处，常常就是对社会生活的真实描写。所以，语文教学需要走出"小课堂"。

第四，发展学生个性、培养创新精神、推进素质教育的客观需要。现代社会要求公民具备良好的人文素养和科学素养，具备创新精神、合作意识和开放的视野、具备包括阅读理解与表达交流在内的多方面的基本能力，以及运用现代技术搜集和处理信息的能力。语文教育应该而且能够造就现代化社会所需的一代新人发挥重要作用。传统的班级制教学是以大多数学生的水平出发开展教学活动的，具有规格化、同步化、集中化等特点。这种教学形式的一个弊端就是难以顾及每个学生的知识、智力、能力差异以及个性、心理差异。而现代社会要求培养头脑灵活、知识广博、有创造精神、有进取心、动手能力强、社会适应能力强、善于合作的各类人才。班级制集体授课的形式很难使每一个学生充分展自己的特长。而课外语文活动却能为不同个性、不同发展水平的学生提供一个轻松的、可供选择的锻炼机会和展现自己才艺的机会。学生在一个轻松的、和谐的教育环境下学习，可以展现自己的特长、发现自己的独特潜力，可以体验成功的喜悦，从而促使课内学习的进步。

（3）原则贯彻的途径和方法。

第一，树立"大语文"教学观，扩大教学视野，拓宽教学空间，使语文课程成为开放而富有创新活力的课程，语文是母语教育课程，学习资源和实践机会无处不在、无时不有。教师要灵活运用多种教学策略，积极开发课程资源，引导学生在实践中学会学习。沟通课堂内外，充分利用学校和社区等教育资源，开展综合性学习活动，拓宽学生的学习空间，增加学生语文实践的机会。不宜刻意追求语文知识的系统和完整。应该让学生更多地直接接触语文材料，在大量的语文实践中掌握运用语文的规律。语文课程应该是开放而富有创新活力的，应尽可能够满足不同地区、不同学校、不同学生的需求，并能够根据社会的需要不断自我调节、更新发展。应当密切关注当代社会信息化的进程，推动语言课程的变革和发展。

第二，鼓励学生深入社会实践，独立开展丰富多彩的课外语文活动。完全的知识应该由书本知识加实践知识组成，完全的能力应该由认识能力加实践能力构成，没有实践能力认识能力就失去了实际意义。语文教师要鼓励学生深入社会实践，在实践中学语文、用语文。

一是让学生走进学校、社区的图书馆，或者指导学生利用网络资源，掌握查找资料、引用资料的基本方法，扩大学生的阅读范围，积累知识。

二是指导学生自主组织文学社团，在办刊、演出、讨论等活动过程中，体验合作与成功的喜悦。

三是引导学生关注学习和生活中感兴趣的问题，共同讨论，选出研究主题，制订简单的研究计划，从报刊、书籍或其他媒体中获取有关资料，讨论分析问题，独立或合作写出简单的研究报告。

四是引导学生关心学校、本地区和国内外大事，就共同关注的重点、热点、焦点问题，搜集资料，调查访问，相互讨论，能用文字、图表、图画、照片等展示学习成果。

五是充分利用广播、电视、电影、戏剧，开展听评活动，举办欣赏讲座。语文课外活动的内容、方式很多，只要教师"有心"，就有用不完的资源。

第三，给学生创设语文课外活动的条件和环境。教师要应积极创造条件，首先请求学校为语文教学配置相应的设备；还应当与社区建立稳定的联系，争取社会、家长等各方面的支持，开展多种形式的语文学习活动。

第四，重视课外活动的指导和检查，使之持之以恒。课外阅读的自由性强，学生分散，语文教师要根据学生的情况，根据自己的特长，进行认真的指导。

一是有目的、有计划地推荐读物。读物的内容和形式，尽可能与课文有联系，使课内课外相互促进，要给学生推荐那些思想内容健康、能鼓舞学生上进、语言文字规范堪为楷模的读物，同时要适合学生的年龄特征、心理特点和阅读水平。读物的种类和类型要尽可能广泛多样，使学生广采博收，扩大知识面。

二是以中华民族传统文化为基础，对学生进行人文知识的基本教育。如书法、作文、诵读、文学鉴赏、人物评传、文化常识等，或侧重于情感熏陶，或侧重于健康人格的培养，或侧重于审美情趣的引导。要利用活动课程实践性原则，可组织读书会、诵读会、演讲会、辩论会、文学社团，通过讲座、读书、讨论、参观、访问、考察等方式积极开展活动，以此为根基，引导学生兼收并蓄地了解和学习世界各民族的优秀文化，创造学习的人文氛围，使我们的人文教育既具有中国特色，又具有鲜明的时代特色。

三是及时检查评比课外阅读的成绩，对课外活动要布置，也要有检查、有鼓励、有表彰，使之持之以恒。其形式大致有：调查统计学生个人的阅读篇目、字数、笔记、卡片等；举行阅读竞赛、读书报告会、经验交流会等；展览优秀的读书笔记、卡片、经验，评比表彰课外阅读积极分子等。

（六）中学语文教学方法

1. 中学语文基本教法

（1）讲述法。讲述法是由教师把确定的内容用言语形式传授给学生的方法。这种方法使用的主要材料是言语，教学效果好坏与教师的言语有极大的关系（也与学生听力水平的高低有一定）关系。教师不但要注意自身的言语表达能力的优化，而且也要注意培养学生的听话水平。

第一，讲述法的优点。讲述法的优点包括：①能比较全面、准确、系统地传授新知识；②精要的讲授能突出重点和难点，又节省了时间，保证教学计划的顺利实施；③能较充分地显示教师在语言运用、知识理解、读书方法等方面的示范作用；④有利于学生记笔记，帮助学生提高文字的组织和表达能力；⑤能面对全班大多数学生，在较大程度上适应班集体。

第二，讲述法的运用场合。讲述法的运用场合包括：①需要指出学习目的、范围、要点，提出教学要求；②介绍作家和作品的时代背景知识，或者是补充必要的相关知识；③叙述含有浓厚感情的内容不宜中断；④讲解重点、难点。

第三，讲述法的运用要点。

一是教师讲述的内容要精当、充实、中心突出，难易适中，使绝大多数学生能适应教师的讲述。一个单位时间的讲述内容只能有一个中心内容，话题不能太分散，不要过于旁征博引，使学生不得要领。

二是讲述要深入浅出、形象生动、前后连贯。在讲述时，不但一次讲述要有条理，同时也要注意这一次的讲述与前一次的有机联系。教学要设计好过渡语，使学生对知识有一个系统的了解。

三是教师言语要规范、感情要充沛。语文课的目的主要是学习言语、学习交际，学生学习规范言语的途径包括：①课本；②教师的言语。因此，教师的言语要求规范，做到用词准确、简练，语调、语气能与内容相一致，富有节奏，要有感情，要适当地辅以势态语，增加言语的吸引力，真正做到动情授业、激思解惑。但又不能太夸张，讲述过分夸张会分散学生的注意力。

四是一次讲述的时间不宜过长。过长时间的讲授置学生于被动地位使学生产生厌倦情绪，反而降低了讲述效果。对于中学生而言，一次讲授的时间一般不超过 10 分钟，一节课的时间内一定要注意与其他方法相结合。

（2）问答法。问答法又称提问法，是教师有计划、有目的地提出问题，以引起学生定向的、积极的思考、解决问题，达到预期目的的常用教学方法，也可以在教师的组织指导下，学生就学习内容提出问题，互相答疑，从而达到学习目的。在当今教学的整体结构中，学生已不是被动的纯客体，而是在教师主导作用引领下的教学活动的主体。教师的研究中心已不再是单纯的教材，而必须包括学生，这就要求教师不仅要研究"教法"，更应研究"学法"。因此，作为沟通二者的课堂提问便成了教师们普遍研究的课题。

第一，问答法的优点。问答法的优点包括：①培养学生勤于思考、勤于分析问题的习惯，提高思维能力和解决问题的能力；②唤起学生的有意注意，将思维的目标迅速指向重点、难点、疑点，提高理解的速度，提高教学的效率；③学生有机会发表自己的见解、能培养学生的学习积极性和主动学习的精神；④学生答问，不但要思考，而且要快速组织言语表达，有利于说话能力的培养；⑤提出问题、回答问题，开辟了师生双方的信息流通渠道，教师能及时产出问答法信息流向图，同时把握学生的学习情况，从而能根据具体情况及时调整教学进度和教学方法，使教与学的双方活动更加和谐。

第二，提问设计的类型。传统的教学是注意课堂提问的，但提问的目的只是把教材问题化，即设计一连串的问题，一问一答，在形式上很热烈，实际上却不能触动学生的思维和情感。因此，课堂提问必须精心设计、触动"神经"。所谓触动神经，即要触动课文的"神经"，即牵动文章核心的重要问题；要触动学生的"神经"，将他们引领到探求问题的忘我境界，以达到开发智力、培养能力的目的。具体而言，提问设计有以下类型。

一是比较提问，即就课文的内容或形式的某一方面与同类课文进行比较提出问题，让学生获得规律性的知识，或使学生对某一内容了解更深刻。

二是抓疑点提问，即就课文中从文字表达上看似有疑的地方或容易引起学生误解的地方抓住契机，设置矛盾，激活思维。学生对每篇课文的学习，不是一开始就有兴趣的，教者应当深入钻研教材，抓住突破口，有意地给学生设置问题的"障碍"，当学生急于解开这些问题时，也就意味着进行了思维训练。

三是逐层深入提问，即就课文的内容或形式理解，分层次设计一组比较系统的问题，由浅入深、化难为易、化大为小，引导学生有步骤、有逻辑顺序地进行思考，让学生的理解从对文章字面意义的理解上升到内涵的领悟。在实际操作中，教者可以根据教材特点、学生的实际水平，把难问题分解成易理解、更有趣的小问题，

四是从反面提问，即就一个问题，变换角度，从反面设问，以培养学生的多向思维能力。

第三，问答法运用要点。

一是对教师的要求。对教师的要求包括七个方面。①提出的问题应该有意义、有价值，能真正激发学生思维积极性，能起到启发学生理解课文的作用。②提问要有中心，要突出重点，不要处处设问，有效的课堂提问应是从实际出发，根据教学的知识内容与思想内容，把握教材的重点、难点来精心设问、发问；另外，还应从学生实际出发，根据学生的知识水平与心理特点，找出能诱发他们思维的兴趣点来问。③问题的指向性要明确、内容具体、难易适中。④提问要有新意，变"直问"为"曲问"，激发学生的思考兴趣。⑤提问要面向全班学生，先提出问题，再指名回答，不要先点名后提问，让学生有思考的机

会。⑥准确、中肯地评价学生的答题结果，评价应以鼓励为主。即使学生回答问题只有百分之一的准确率，教师也应予以鼓励。当学生不能正确回答时，教师要根据具体情况予以耐心指导，如课堂时间不允许，应该设法进行课外辅导。⑦鼓励学生质疑问难，对学生提出的一时难以回答的问题，教师应采取坦诚的态度，待自己查证后再解答，不能误导学生。

二是对学生的要求。对学生的要求包括：①尽可能要求学生先举手，教师指名后再答题，全班齐声回答的效果并不能解决问题，也不利学生的思考能力的发展；②回答问题时要求学生口齿清楚、言语规范、仪态大方；③答题要有针对性，做到有理有据，且观点与材料相统一；④培养学生"善问"的能力，要鼓励学生提出问题，同时鼓励学生互相答疑，营造互帮互学的良好学风。

总而言之，课堂上适时适度，而且富于艺术技巧的提问，能加快把知识转化为语文素质能力训练的进程，是发展学生思维、保证和提高教学质量的有效途径。为此，作为语文教师，应精心设计好各种类型的课堂提问，形成有自己特色、适合学生的提问艺术风格，以达到最佳的教学效果。

第四，问答法与启发式的区别。启发式教学与问答法的区别包括：①启发式教学是教学指导思想，而问答法是一种具体的操作方法，两者不是同一层次上的概念；②启发式作为一种教学的原则具有普遍的指导意义，它既适用于提问法，也可以体现在其他方法中；③问答法作为一种具体的操作方法，在使用得当时就能够体现出启发式原则。

（3）现代教育技术。随着互联网络、多媒体计算机技术的发展，在教学中引入了多媒体技术、现代信息，形成了现代教育技术。现代教育技术是以计算机为主体的信息技术在教育、教学领域中的运用，将导致教学内容、教学手段、教学方法和教学模式的改革，最终引起教育思想和教育观念、教与学的理论的改革。

现代教育技术所提供的信息和技术资源的最大特点是共享性，我国提出全国高校互联教育科研网和互联网，丰富了学生的学习资源，保证了学生能够对科学概念和技术进行探索和创新活动，也孕育和发展学生之间合作学习的方式。因此，现代教育技术对培养创新能力和高尚道德精神的人才有不可忽视的重要作用。人机交互是计算机的显著特点，多媒体计算机进一步把电视机所具有的视听合一功能与计算机交互功能结合在一起，产生出一种新的、图文并茂的、丰富多彩的人机交互方式，而且可以立即反馈，它能有效地激发学生的学习兴趣，使学生产生强烈的学习欲望，从而形成良好的学习动机。

随着科学技术的发展特别是信息传播技术的迅速发展，教学媒体越来越多，现代教育技术在教学领域所占的比重越来越大。目前，教学信息的数字化、教学媒体的多样化、教材编写的软件化、教学过程的智能化、教育传播的网络化、教育的变革日新月异，语文教师要加强这一方面的能力素养，以适应教育科学日益发展的新形势。

计算机辅助教学作为一种学习新环境，如果运用适当，可以解决两个重要的教学问题：①能促进有效学习；②能照顾个别差异。如今，以电脑、多媒体、网络为标志的新的信息技术作为教学、学习的辅助手段，为实施既是大规模的又是个别化的语文教学创造了物质条件，使每个人的潜能得到充分开发。凭借信息技术尤其是教育软件、校园网，教学打破了时间、空间的限制，可以把所有有价值的汉语言文学知识随时随地提供给学生，而且可以使每一个学生都参与到新知识的创造中来，与所有上网的人共享，从而丰富汉语言知识。新教学环境下的教与学，使得语文教学内容自然生活化、时空立体化，这有助于培养学生开放性思维、超前性思维、系统性思维、创造性思维。

第一，使用多媒体辅助教学的优点。使用多媒体辅助教学的优点包括：①能超越时间和空间的限制，将内容全面地显示在学生面前，而且可以根据教学的需要予以调节，可快、可慢、可定格、可重复；②反映的教学内容直观、形象，现代教学媒体具有高度的再现性，能充分展示语文课文中所涉及的自然景象、人物形象、历史事件、为学生观察、了解事物或事件提供了直观、生动、形象的画面，这就使静止状态的学习材料化成学生乐于接受的栩栩如生的运动状态的图景，使抽象的概念变成了学生更容易理解的具体形态，声情并茂的学习方式，能激发学生的学习兴趣，调动学生的学习积极性；③扩大学生的视野、拓宽学生的知识面，多媒体特别是网络远程教育进入教育领域，给教育带来了翻天覆地的变化，学生通过计算机可以在网络中查找到当地难以接触到的资料，可以听到名师名人的讲课或讲话，可以看到最新的科研信息，这对扩大学生的知识领域，拓宽学生的知识面非常有益处。

第二，运用多媒体技术辅助教学的基本环节。

一是根据教学需要，确定上课的内容。一般有三条准则。①教学内容应是涉及课文的重点、难点方面的内容，为一些细节方面的知识而花费大量时间是得不偿失的。如果是为了扩大学生的知识面而放一些影视片，可考虑安排在课外活动时间。②应该选择那些传统教学手段难以完成任务的内容。或者是虽然传统方法可以达到目的，但效果不明显或费时较多的内容。③运用直观教学、显示直观形象确实优于言语教学的。

二是选择和熟悉教学媒体。教师要根据教学需要选择教学媒体，如要提高朗读水平，可选择放音设备，要观看电视片，多媒体教室中的 VCD 播放机的效果是非常理想的设备。一旦确定了使用的设备，教师就要提前熟悉其性能，最好能掌握操作方法。使用教学软件，尤其要注意课前先观看，了解它所包含的内容和表达方式、特点、顺序。

三是做好课前的一切准备工作。使用多媒体辅助教学也要备课，不但要按常规深入钻研教材、设计教法。还要注意设计好实施过程中的解说词。同时，要做教学前的相关准备工作，如电源、线路、座位安排等，确保教学的顺利安全。

第三，电化教学法运用要点。电化教学法运用要点包括：①要正确处理多媒体教学与能力训练的关系，既要引导学生在钻研教材、掌握基本知识、训练基本能力方面做好准备，同时又要调动学生多方面的兴趣，扩大学生的知识面；②要精心考虑教学的时间、步骤。哪些课文可以先细读、再看录像资料或再听录音，哪些课文适宜先看影像再研读课文，其中都有讲究。如果不注意，就会影响教学效果。

2. 中学语文基本学法

（1）朗读法。朗读是一种阅读方式，它是阅读的最基本方式，是眼、口、耳、脑并用的创造性阅读活动。朗，即声音的清晰、响亮；朗读，就是用清晰、响亮的声音，将课文的文字转变为有声的语言。它要求学生在掌握语音、词汇、语法规则的基础上更丰富、更完美地表情达意。这是一种有着悠久历史的传统教学方法，古人对它的研究颇多。掌握朗读的方法，一般要经历正确清楚的朗读、准确流畅的朗读和传情达意的朗读三个依次递进的阶段。

第一，朗读法的优点。朗读法的优点包括：①通过朗读，提高对课文的理解能力和鉴别能力，朗读课文，是理解课文的内容，更主要的是可以有效地培养对语言词汇细致入微的体味能力，感受课文的气势和韵味，进而体味作者的感情，促使对内容的深切、透彻、全面理解，这样，鉴别作品才有了基础；②有利于培养学生的口头表达能力，朗读是口头表达能力的基本训练途径之一，对培养学生用规范语言表达起着至关重要的作用，要想提高口语表述与交际的能力，就一定要重视朗读训练；③出色的朗读，能增强作品的感染力，使听者如闻其声、如临其境、如见其人，又能使朗读者陶冶性情、开阔胸怀。

第二，朗读指导。朗读，虽然是以学生为主的学习方法，但需要教师的指导。朗读指导的具体内容有以下方面。

一是对学生的基本要求：①必须使用普通话；②要咬准字音，读字清晰，句读分明，语气得当；③读文正确流利，不添字、不漏字、不读错字、不重复、不颠倒；④有感情，能通过声音的变化和节奏的调节来再现作者的感情。

二是朗读技能的指导。朗读时，要深刻透彻地把握作品的内容，准确地表达作品的内在含义。要再现作品的情景，准确传达作者的思想感情，就要合理地运用各种朗读手段，常用的基本朗读手段有：停顿、重音、速度、语调、语气变化等。

三是指导学生做好朗读前的准备。朗读是朗读者的一种再创作活动。这种再创作，不能够脱离朗读的材料去另行一套，也不是按字朗读的简单活动，而是要求朗读者用有声语言传达出原作的主要精神和艺术美感。不仅要让听众领会朗读的内容，而且要使其在感情上受到感染。为了达到这个目的，朗读者在朗诵前就必须做好一系列的准备工作。首先，要正确、深入地理解、把握作品的内容。准确地把握作品内容，透彻地理解其内在含义，是作品朗读重要的前提和基础。其次，要深刻、细致地感受、体味作品，进入角色、进入情境。再次，要通过丰富的想象，再现作品描写的情景。使作品的内容在自己的心中、眼前活动起来，就好像亲眼看到、亲身经历一样。最后，要注意培养学生的朗诵能力。朗诵不同于朗读。朗读是用清晰、响亮的声音把文章读出来，以传达文章的思想内容。朗诵则是用清晰、响亮的声音把文章诵读出来，以传达文章的思想内容。可见，朗诵的要求比朗读要高，它要求不看作品，面对听众，除运用声音外，还要借助眼神、手势等体态语帮助表达作品感情，引起听众共鸣。朗诵也不同于演戏。朗诵虽然经常伴有手势、姿态等体态语，但朗诵时的姿态或手势不能过多。

第三，朗读方式的选择。朗读方式有范读、单人朗读、齐读、轮读、分角色朗读、吟诵等。教师要根据教学需要选择，如要让学生欣赏的可由教师范读或播放录音；为了检查学生是否预习课文或理解程度，则宜单读；如果是让学生体味文字的韵味，则可用吟诵的方式；如果是为了加强对课文的认识或理解，则可用小组轮读的方式。

第四，应注意的问题。首先，朗读对于中学生而言，也是基本技能。因此，尽管有些文章（如议论文）不宜先朗读，但并非指不让学生采用朗读的方法去培养朗读能力。在我国传统语文教学中，学生朗读、吟诵课文是无所不及的，所以教师一定要加强对朗读的重视程度。其次，上课时教师提名学生朗读，教师要认真地聆听，才能正确地进行指导。

（2）默读法。默读和朗读是两种最基本、最常用的阅读方式，两者的区别在于：朗读是有声的阅读，而默读是无声的阅读。它们的作用也有所区别，如果说朗读在于作者的思想感情和语言的韵律美、节奏美，那么，默读则有助于深入揣摩、理解文章的思想内容。两者的作用各有侧重，因而不能互相代替。

第一，默读法的优点。默读法的优点包括以下三点。

一是阅读速度快。仔细分析朗读和默读的活动过程就会发现，朗读的过程是文字符号—视觉（识别）—视觉神经（传递）大脑（思考）—发音器官（发音）—听觉器官（辨别正误）—（反馈）大脑的过程。而默读则省去发音器官的运作和听觉器官的监听，文字符号直接进入大脑，思考活动便直接指向文字所表示的内容，加上默读能够对常用句子的整体接收，速度加快。在现实生活中，人们在图书馆查阅资料、在公共场所看报纸、布告，在办公时看文件、信函等都是使用默读方式进行的，一方面，是默读速度快；另一方面，也因为默读不会影响他人的学习、工作。

二是默读有利于思考。有人把默读称为"心读"，是因为它不发声、不动唇，由眼睛直接把文字符号传递给大脑中枢，大脑中枢直接判断符号的意义，无须考虑其他因素。加上默读可以对自己感觉较难的句子做重点思考，对自己已掌握的文字可以忽略，因此，思考的指向集中、明确，思考的质量就能提高。

三是有利于照顾学生的个别差异。默读是相对独立的个体行为，它可以根据各自的实际情况灵活控制阅读速度、阅读范围，或浏览，或跳读，或通读，或重复，或精读，不必强求一律。

第二，默读技能的培养。

一是培养直映能力，直映能力既是一种能力，也是一种良好的阅读习惯。直映能力是指默读时不能出现唇动（嘴唇发出动作，就会影响速度）、指动（手指随阅读而移动也会影响速度）、头部移动幅度过大（移动幅度大说明视觉覆盖面不宽）。教师在课堂教学时，可布置学生默读课文，教师仔细观察学生默读行为，发现有上述现象，立即予以纠正，坚持这种做法，可培养学生的自控能力。

二是指导学生掌握默读基本技能。首先，整体识记技能。即对常用词语、固定短语、常见句式的整体认识而不必逐字辨析。其次，线式阅读技能。即要求学生扩大视觉扫描范围，不要像朗读那样做逐字逐句的点式阅读。最后，速读能力。教师引导的方法和步骤是：先从培养默读质量开始，布置一定数量的文字阅读内容（如课文的部分章节），要求默读后做复述；待复述较为完整后，培养筛选信息的能力。即提出阅读后要回答的问题（主要信息所在），默读后要求立即回答；一段时间以后，加快速度，在单位时间里加大文字的阅读量。限时、限量地训练，需要一段时间的坚持才有成效。教师要鼓励学生课外阅读，保证达到中学阶段的学习标准。

第三，默读辅助手段的使用。默读质量的提高，也需要辅助手段，如默读时在课文中的生字词、重点、疑点处、须复读并做出标记，既能节省时间，又能加深理解。

第四，应注意的问题。首先，默读不仅是方法，还是语文教学目的之一。培养学生的阅读能力是学生终身学习的需要，语文教师要予以高度重视，不能放任自流。其次，默读的使用场合非常多，但并非没有缺陷。教师也要根据教学需要，与其他方法相配合。如以学生的年龄而言，低年级的学生宜多朗读，高年级的学生宜多默读。就文体而言，诗歌、散文、戏剧宜以朗读为主，议论文、说明文宜多默读，而记叙文，小说则可根据具体内容去处理。最后，默读速度的培养，是默读能力的重点。但默读速度正如阅读的深度，也因人而异。所以，默读训练也要注意学生的个别差异，不能强求一律，只要学生以自己的默读速度为起点不断提高，取得进步就是成绩。

（3）讨论法。讨论法是指在教师的组织和指导下，通过师生之间、学生之间的对话形式，相互交流，从而达到教学目的一种方法。学习及发展是一个社会化及协作的活动，教师应鼓励学生协作式学习，教师的角色是学习的促进者，学习活动应取代教学活动。在教育策略上，教师应起积极的作用，提倡发现式学习法，让学生亲自发现事物如何发生，教师所要提供的是一个能激发思维的学习环境，使学生主动探索，积极反思，最终能自我发现事物的真相。

第一，讨论法的优点。讨论法的突出优点包括三个方面。①有利于促进学生灵活运用知识、分析问题、解决问题能力的形成。在讨论中，学生不仅要发表自己的观点和看法，同时，对别人的不同意见，讨论法的信息流向图需要找出事实和理由才能有效地说服别人，这种讨论发言，单靠课本知识是远远不够的，必须综合运用各种知识（包括语文学科的知识和其他学科的知识）才能适应讨论时的实际需要，促使他们回忆、组织、分析、归纳、表达等能力的协调发展。②能有效调动学生的学习积极性，使学生真正成为学习的主体。在讨论中，学生作为学习的主体得到了最大限度的体现。他们有各自发挥才能、展示自我的机会。这无疑能激发学生的积极性。③有利于树立民主平等、团结互助的良好学风。讨论法既不同于讲述法的单向信息交流，也不同于问答法的双向信息交流，它是参加讨论的全体成员间的多向信息交流。在交流中，师生们发表自己见解，对各种不同的意见、不同看法进行比较，相互之间取长补短，达到共同提高的目的。这种讨论更容易形成团结、互助的优良风气，正是要在青少年中大力倡导的传统美德。

第二，课堂讨论的组织。

一是确定论题。在讨论前，教师要认真考虑确定讨论题目。论题的确定有四个因素：①有利于教学目的的实现，如对课文主题的理解有不同看法，涉及作品重要情节、主要段落的理解有分歧等可组织讨论，对一些枝节问题，或者是只有少数学生有不同看法，则不必利用课堂讨论的形式；②适合学生的认识、理解水平；③多数学生感兴趣；④适合在课堂讨论的话题，如果问题过宽、过大，可在课外组织讨论。

二是提出要求。在讨论开始时教师要向学生提出论题，还要提出讨论要求，如要求学生发言的次序、时间控制、内容条件等。如有条件，可提前布置准备，或让学生查找相关资料，准备发言纲要。

三是控制引导。在讨论中，教师要充分发挥主导作用，要有控制能力，如提醒学生注意话题的集中、表达的方式方法是否恰当等。当讨论出现表面上的争执而没有深入话题实质时，要注意引导、启发学生拓宽思路，但在讨论中，在一般情况下，教师不宜先表明观点。

四是小结评议。讨论结束时，教师要小结或引导学生共同小结。教师要指出讨论中存在的普遍问题，使学生在以后的讨论中引以为戒；对疑难问题或争论未果的问题，教师要阐明自己的观点，如学生不赞同，要允许学生保留不同意见，课外同学生交流。

第三，应注意的问题。

一是要注意讨论的规模。组织讨论，不宜以班级整体为主，一般而言，小组可由4~8

人组成讨论小组。整个班级的讨论，学生人数多，很难有人人发言的机会，只有哪些能力较强的学生敢于发言，能力较差的学生可能成为"旁观者"。

二是临时性讨论的组织。在教学中，常常有教师未预计到的学生意见或见解分歧。教师认为有必要讨论，也可以组织讨论（这种讨论往往更吸引学生）。但规模应该是小组形式的讨论。

三是在阅读教学中，在多数情况下，讨论法要与其他方法结合使用，因为讨论法确实会给语文基础知识的传授和读写基本功的培养带来一定影响，所以，即使是完成一篇课文的教学，也不宜只使用讨论法，也应与其他方法配合使用。

四是教师要有较强的组织能力，运用讨论法，比运用其他方法的要求更高。

（4）练习法。练习法，是学生在教师指导下，通过自己的感官活动，巩固和运用知识，掌握技能，形成能力的方法。它是以学生相对独立活动为主的学习活动，适用性很广，在听说读写各项能力训练中都要运用这种方法。其他学科也要运用这种方法，但其内容和形式各有特点。练习按照它的目的来分，有巩固性练习和探究性练习之分。它们的共同点是促进知识转化为能力，区别在于：巩固性练习是以巩固所学知识为主要目的的，像学生学习一篇课文后教师布置的练习；探究性练习是以运用所学知识去探求新的知识为主要目的的。本节所说的练习法，指的是探究性练习。

第一，练习法的优点。练习法的优点包括两个方面。①练习是将知识转化为能力的唯一途径。学生要形成自己的语言能力，必须通过学生的主体活动，通过运用，把言语作品内化为自己的心理要素，才能形成语言能力。只有指导学生在课后、在实践中多练习，才能将所学的知识转化为稳定的语文能力。②有利于培养学生的创造性思维能力。有现代教育科学工作者指出，传统语文教学属于语文知识教学层面，本质上是一种维持性学习。教学内容主要是关于汉语语法、词汇、阅读分析教学，而淡化写作教学。教师组织教学的过程基本是：熟悉教材标准与要求—确定授课目的—判定教学策略—课堂教学—反馈评价。这种教学模式的逻辑起点是教材，由教师演绎，学生总是在被动适应中获得某种发展。教师要鼓励学生进行探究性学习。鼓励学生在社会生活中练习听说读写，这样，学生能接触到课堂上难以接触到的新事物，也会遇到难以预料的实际问题，这些都有助于学生创新思维的培养，又增强了对社会生活的适应性。

第二，练习法运用要点。

一是要激发学生的练习兴趣，培养自觉练习的良好习惯。首先，教师要充分考虑练习的针对性，使学生觉得有练习的必要；其次，教师的练习设计要做到形式活泼多样，使学生乐练；最后，要求要严格，规定学生按质按量按时交作业，促进良好习惯的养成。

二是练习的内容既要突出重点，又要顾及全面。每一篇课文、每一个单元都有教学重点，练习设计要围绕这个重点考虑，但是，语文教学又不能毕其功于一役，语文能力是螺旋式向上发展的，在突出重点的同时又要有一些复习性、巩固性的练习，包括对前一课文、前单元的复习性练习。

三是在必要时，教师要示范练习方法。练习的内容、形式很多，学生对某些练习内容或形式缺乏了解，就会感到无从下手。教师除了在练习题干中要有明确说明外，还要示范练习。尤其是一些实践操作性的练习，更要注意示范，如现场采访、新闻报道等。

四是评价学生的练习结果，应实事求是，具体细致。对于学生练习结果的评价而言，无论是口头评价或是书面批改，教师都要有对学生负责的责任感和事业心，认真、具体、客观、公正。通常是先指出优点，再指明缺点及纠正方法，评语要以鼓励为主。

第三，应注意的问题。

一是练习有一个重要前提条件，就是对知识的理解。教师要注意在布置练习前了解学生对知识的掌握情况，如先在课堂上做口头练习，挑选个别学生回答与该次练习相类似的问题作为示范，或教师示范解题，或简要回顾所学的知识点等。避免学生勉强敷衍或抄袭他人作业的情况发生。

二是练习要讲究质量，也要讲究速度。所以一次练习，既要有质的要求，也要有量的要求。

三是练习的形式既要有书面练习，也要有口语方面的练习。教师要设计一些场景式练习。如特定现场的模拟对话（如在图书馆和管理员的对话、在商场里和售货员的对话等）；要有单项练习，也要有综合性练习；要有记忆性练习，也要有运用性的练习。使学生的语文能力得到全面训练。

二、中学语文教学的思维进阶活动

学生在进行语文知识学习的过程中，往往需要从简单的知识开始学习逐渐到学习复杂的知识，需要从学习知识到掌握学习方法，需要从具体的知识到抽象的知识，在这样的学习过程中学生的逻辑思维能力不断得到提升，也就被称为中学语文教学思维进阶活动。对于中学生而言，中学阶段的学习对于培养学生的逻辑思维能力非常重要，所以中学语文教师在开展日常教学的过程中，应该通过丰富多彩的教学设计来培养中学生的逻辑思维能力，转变传统的教学观念，要让学生在学习语文基础知识的过程中，提高语文核心素养从而促进学生的全面发展。

（一）思考交流中发展逻辑思维能力

中学语文教师在开展教学活动的过程中，应该意识到学生是课堂主体，所以应该积极地和学生进行沟通交流，通过提问等方式使学生将注意力放在课堂教学内容上，而且通过提出有趣的问题让学生进行积极的思考，拓宽学习的模式和思路，从而使学生的逻辑思维得到进一步的提升。

中学语文教师在设计课堂教学活动的过程中，应该从多个方面进行考虑和分析，首先，应该结合语文教材的知识点，设计的教学活动应该贴近文章主旨，让学生通过思考更好地理解文章内涵；其次，应该结合班级学生的实际情况，设计的问题或者活动应该符合学生的认知标准，从而使学生愿意进行积极的思考。通过设计思维进阶活动可以让学生的逻辑思维能力得到进一步的发展，同时也可以激发学生的语文学习潜力，让学生能够进行深度学习，养成良好的学习习惯，在今后的语文学习过程中可以进行独立的思考，提高自身的逻辑思维能力。

另外，中学语文教师在进行教学活动设计的过程中，应该结合教学中常用的教学方式和经验，让学生能够在思考前掌握教学的重点和难点内容，同时还应该做好不同的知识点间的衔接，让学生能够更好地掌握整体的知识内容，这不仅能够让学生将学过的知识串联起来，而且还能够有效提高中学生的语文核心素养，对学生今后的学习和发展具有很大的帮助。同时，中学语文教师在进行教学的过程中，应该培养学生课前预习的习惯。在这个过程中能够调动学生的学习积极性，并进行主动的思考，可以通过小组合作等多种方式完成任务，有效地锻炼学生解决问题的能力。

（二）思维发散中提高解决问题能力

从"言"走向"意"的过程就是思维。在进行中学语文的教学过程中，教师应该意识到如何培养学生的思维能力，架起书籍与知识间的思维桥梁。传统的中学语文教学过程中，一般都是教师提出问题，学生进行回答，这样的教学模式虽然可以让学生参与到课堂教学中，让学生能够集中注意力进行思考。但是，这样的教学方式会让学生难以全面系统地掌握教材的知识点，教师边提问边讲解的教学模式会将完整的知识点分裂，学生在进行语文学习的过程中也难以掌握完整的知识脉络，这不利于学生对语文知识的整体进行把握，同时也难以提高学生解决问题的能力。所以，在进行中学语文教学的过程中，中学语文教师应该创新教学模式，将零散的问题进行梳理从而形成完整的知识脉络，通过让学生对相关问题进行思考，发散学生的思维，使学生在掌握语文知识的同时提高自身解决问题的能力。

另外，在教学的过程中，语文教师为了帮助学生更好地理解课文内容，应该先让学生通过阅读或者课外资料收集，了解当时的社会背景，让学生在学习文章的过程中能够带入当时的社会环境，这样有助于学生更加全面地理解和掌握文章所要表达的情感。

（三）深度学习中发展逻辑思维能力

为了能够让学生更好地开展语文学习，发展学生的逻辑思维能力，提高中学生的语文核心素养，中学语文教师应该通过课后作业的方式让学生巩固在课堂上所学的知识，但是教师应该注意的是，课后作业应该摒弃传统的抄写式的作业模式，给学生布置一些能够发展学生思维的实践类作业。

总而言之，在中学语文教学过程中，教师应该让学生自己经历学习的过程，为学生搭建知识与思考之间的逻辑桥梁，让学生全程参与到学习的过程当中去，提高学生的深度学习能力。同时，在进行中学语文教学的过程中，教师应该让学生多进行实践，通过开展实践教学发展学生的高阶思维能力，让学生在进行学习的过程中将批判性思维、求异性思维以及创造性思维发挥出来，在提高语文课堂教学质量的同时提升学生的语文核心素养，促进学生的全面发展，为学生今后的学习奠定坚实的基础。

第二节　中学语文教学思维的本质与发展

"中学语文教学思维是潜存于语文教师心理结构、教学设计及课堂教学全过程的思维样式。"[①] 教学思维是以教学策略为基础而建立起来的，教学思维是很多教研工作者在教学过程中，长期追求的一种与教学规律和认知规律相符的思维方式。

一、中学语文教学思维的本质解读

从思维学的视角来看，中学语文教学思维涵盖"教"的思维与"学"的思维。教师应该根据教学思维的结构、形成规律、加工方式等特点设计合理的引导模式，以期在教学课本内容的过程中教会学生运用各类思维模式，使学生能够通过这些思维模式有效解决字词、阅读、写作、口语表达等学习实践中的相关问题。教师要通过培养和发展学生的思维能力，让学生的思维品质得到提升，为学生更好地学习和运用语文知识奠定基础。

二、中学语文教学思维的发展策略

（一）教师要具备形象思维的教学理念

形象思维指的是相关主体根据自身的主观认知，在充分感受到认知对象的形象信息之

---

① 张朝昌：《中学语文教学思维的本质及发展策略》，载《语文学刊》2019 年第 39 卷第 1 期，第 89 页。

后，通过一系列的分析、比较、概括、联想等手段，对认知对象的本质规律进行判断的思维过程。"形象"是形象思维的内核，但是该形象不是代表客观事物的具体形象，而是从客观事物中抽取出来的典型形象。教师无论开展阅读教学还是写作教学，都离不开对"形象思维"的运用。所以，教师应该先梳理形象思维，通过形象思维逐步教会学生对形象进行感受和描写，进而使学生的想象能力、审美情感得到培养。

古诗词中的形象就是以语言为手段而创造的文学形象，古诗词内容则直接体现了作者创造性的美学理念。环境、人物、情节等内容都是形象的具体因素。教师应该认识到"形象"之于形象思维的本质作用，在教学中应教会学生如何从诗文阅读中对形象进行深刻感受，并在习作诗文的过程中对形象进行创造或再造。

（二）教师要具备抽象思维的教学视野

抽象思维指的是通过概念、判断、推理等各种形式对事物的内在联系及本质特征进行分析和认知的思维过程。抽象思维的重要支撑在于概念，概念能够将事物的本质属性全面充分地反映出来。因此，抽象思维的核心形态就是通过概念进行推理和判断。教师应该善于运用概念的教学思维来开展教学，例如可以通过语言环境概念来具体解读生字生词的含义，通过语言描写概念来具体分析不同的人物形象，通过全文描写的概念来全面概括文章主旨内涵，通过句式结构、修辞手法、语言特点等概念来分析文章的表现手法等。

除运用概念的教学思维外，教师还应善于运用判断的教学思维。判断是建立在概念基础上的另一种抽象思维形式。概念是将事物的本质属性揭示出来，判断则是对事物的属性进行认定。推理思维是抽象思维的又一表现形式，教师也应善于运用推理思维开展教学。推理思维主要是通过一个以上的确定性判断来推导出新的判断的思维过程。教师可以根据实际教学内容设计推理思维的教学模式，以培养学生的推理思维能力。

（三）教师要具备逻辑思维的教学素养

逻辑思维指的是思维主体能够通过辨别、比较、分析、推理、概括等方式总结出逻辑规则和语言规律，并通过这些规则来清晰表达自身认知的思维过程。逻辑规律是逻辑思维的内核，语言是逻辑思维的外在表现形式。教师应根据实际情况运用逻辑思维进行教学，以逐步训练学生的语言逻辑。

在逐步进行逻辑推理的过程中，学生能够抽丝剥茧，逐步深入问题本质，系统、全面地分析问题，找出问题的关键所在。所以，让学生通过对具体问题的分析来逐步理解逻辑推理过程，能够使他们在对问题进行各个击破的过程中形成逻辑思维能力。

（四）教师要具备辩证思维的教学方法

辩证思维就是在思维过程中运用以唯物辩证法为代表的辩证法的模式。辩证思维从思维形态的角度来看隶属于抽象思维的范畴，抽象思维发展到一定的阶段便会形成辩证思维。辩证思维是通过事物的现象来洞察其本质，是用动态、全面的眼光来分析和看待问题的，其更重视事物的多面性。教师应根据教学实际适当使用辩证思维设计教学过程。

总而言之，教学过程也是思维活动的过程，如果思维符合教学规律，那么就一定也符合学习规律。教师应该认真研究教学思维的本质及规律，为培养学生的学习思维和学习规律奠定坚实的基础。中学语文教师在教学中发展语文教学思维时，需要有形象思维的教学理念、抽象思维的教学视野、逻辑思维的教学素养、辩证思维的教学方法。

第三节　中学语文中思辨性读写教学的作用

"语言是思维的工具，思维的根本存在于语言，体现在语文教学中，就是语文学习与思维活动的统一。"① 思辨性读写教学跟一般语文读写教学相比更具优势，从课堂活动角度来看，思辨性读写教学强调了学生的读写体验，尊重学生的看法以及思维运动的过程，注重学生在学习过程中的主体作用；从对待文本态度角度来看，思辨性读写教学鼓励学生对本文内容勇于提出质疑，在质疑中引发思考，倡导学生合理想象，有理有据地发表自己对文本的看法。

思辨性读写教学跟一般语文读写教学相比更具优势。思辨性读写教学在一定程度上而言具有理性化、求真性的特点，其能够通过严密的实践路径来提高学生的语文读写水平，以及综合素养。中学语文中思辨性读写教学的作用具体内容有以下方面。

一、发展学生的思维

培养良好的思维模式是中学阶段语文教学的重要内容，而思辨性读写教学则是实现这一目标的主要途径。

首先，中学生的理性思维得到了一定的发展，学生可以用相关理论知识来指导实践，因此语文教师要抓住学生在该阶段的这一思维特点，进而引导学生关注思辨观点，促进思维发展；其次，中学生思维结构更加稳定，思维更加深刻和系统，能够熟练地运用各种思维解决读写学习中存在的问题，而思辨性读写教学符合中学生的思维特点，同时也是提高思维能力的重要途径；最后，思辨性读写教学提高了学生的辩证思维和抽象逻辑思维，帮助其认清了事物的本质和规律，更加深刻地理解文本，进而提高自身阅读和写作水平。由

---

① 黄丽君：《思辨读写基于学生核心素养的高中语文教学改进研究》，载《课外语文》2019 年第 10 期，第 42 页。

此可见，思辨性读写教学可以发展中学生的思维。

二、促进学生全面发展

随着现代社会的发展和教育体制改革的不断深入，对中学语文教学的要求也越来越高，社会的发展需要具备良好思辨能力的人才，而思辨性读写教学的应用不仅实现了传统优秀文化的继承与传播，而且还教会了学生如何筛选信息，实现独立思考。

另外，思辨性读写教学为提高学生学术素养奠定了坚实的基础，深度挖掘文本的内在价值，为社会提供学术创新型人才。同时，思辨性读写教学在中学语文教学中的应用，这也是语文课程改革的必然趋势，符合课程标准和读写教学改革的需要，开拓了学生的眼界，陶冶情操，健全人格，树立正确的人生观和价值观，促进中学生全面发展。

三、帮助提高教师素养

开展思辨性读写教学需要语文教师具备较高的专业素养，同时要求教师具备丰富的专业知识储备，因此在开展思辨性读写教学过程中也提高了教师的学术素养。在开展教学之前，教师会进行备课，而备课本身就是一个微型学术研究，教师需要对本文进行深入挖掘，提出问题并借助各种专业资料来解决问题，还要寻找类似的文章来拓宽学生的视野，在这个过程中需要教师具有良好的思辨能力，引导学生从思辨角度出发，从文本中发现问题和新的观点。

此外，思辨性读写教学方式还有利于提高教师的个人修养，教师会营造和谐民主、轻松愉快的学习氛围来开展思辨性读写教学，这就需要教师从中学生的行为特点、心理特征和自身喜好出发，关注学生的成长，为使其具备良好的个人素养奠定了坚实的基础，深度挖掘文本的内在价值。同时，思辨性读写教学的应用还有助于提高教师的职业认同感，完善人格，实现教师全面发展，提高职业道德修养。由此可见，思辨性读写教学的开展能够促进教师成长，帮助其提高素养。

第二章
中学语文的思维视野与思辨读写

第一节　逻辑思维下的语文思辨性阅读教学

"长期以来，中学语文教育在思维训练尤其是逻辑思维训练方面重视不够，高品质的思辨性阅读与表达缺位现象比较普遍，对学生思维能力的培养一直是中学语文教学重视不够的地方。"① 如果想要提高学生和教师对逻辑思维的兴趣，让师生能够自发学习"逻辑"并应用到学习生活中，就要明确逻辑学习的目标。在紧张的中学时期，抓住逻辑思维的学习要点，适当运用教学策略提高学生的逻辑思维能力，最后辅之以必要且有价值的思维习题，能够有效锻炼和提高学生的综合能力。

一、逻辑思维下的语文思辨性阅读学习目标

逻辑思维作为学习语文的知识工具，学生在了解到些许逻辑知识后，看待事物会更加理性客观，在语文的学习的过程中，也就能保持理性的头脑，尤其是在进行阅读这一特殊心理活动时，拥有逻辑思维能帮助学生快速地分析、归纳、综合。

在新课标中，关于"思辨性阅读与表达"这一任务群的学习，其学习目标和学习的内容多集中于思辨性阅读和表达。首先，通过古今中外论说篇目的学习，了解作者的观点，掌握作者表达观点的方法和表达逻辑，能对生活中的时事发表自己的观点，养成边阅读边质疑的习惯；其次，能够准确、恰当地阐发自己的观点，能做到有理有据地反驳他人。

在新课标中，对该任务群的实施也提出了两点要求：第一，选择以专题型学习为主的教学方式，多结合历史和日常生活的一些热点话题，让学生在阅读中梳理学习论证方法，通过书面表达和日常交际阐述自己的观点；第二，教学过程注重学生思维过程和思维方法的引导培养，适时适度地传授必要的逻辑知识，帮助学生解决阅读和写作的逻辑问题。

---

① 闫光平：《"思辨性阅读与表达"任务群的教学实施建议》，载《中学语文》（下旬·大语文论坛）2020 年第 11 期，第 58 页。

二、逻辑思维下的语文思辨性阅读教学方法

一线教师中的许多名家特级教师在很多著作和实际课堂上总结了宝贵的思维培育实践经验和教学技巧，这些经验充满着教师的教学智慧与教学艺术，值得一代又一代的年轻教师观摩学习与研究。

但是，值得注意的是，在学习过程中，一个教学方法、教学环节往往有多方面的教学功能、教师教学水平的高低也影响着教学功能的实现，所以教学实践过程中应多看、多思考、多实践反思。关于逻辑思维培育的教学策略，具体内容有以下方面。

（一）归纳法

归纳是逻辑思维的方法之一，归纳由特殊到一般。将归纳思维迁移到语文教学中，让学生能够与知识琐碎的语文学科接触时，通过归纳这一过程，将学到的语文知识、规律、方法形成自己的知识体系。

在教学过程中，让学生自行归纳，教师引导，是发挥学生主体原则的表现。归纳法的具体应用，能够引导学生归纳文章的中心思想、写作方法以及语言规律等。但是，须注意的是，归纳要注意层次递进，且须学生通过多读培养语感。

（二）演绎法

演绎与归纳过程相反，是从一般到特殊的思维过程。在教学中，演绎法遵循的是以教师为主导的原则，让学生根据教师的问题等提示，开始逻辑之旅。演绎推理的典型形式是三段论。例如，魏书生利用学生思维的演绎，巧妙地运用一个问题，展开《论语六则》阅读课程的教学。魏书生在本课开讲前，先让学生们去猜测"谁是世界上最伟大的思想家"，在得出答案"孔子"后，学生们会无形间形成对作者的尊重，从而正视课文，激发学习动机。这样的导入方法无意识中就帮助学生完成了头脑的演绎逻辑。因此，教师可以抛出一个具有启发性的问题或任务，让学生们进行逻辑的自行领悟。

（三）概念系列教学法

概念是思维的基础。有了概念，便能形成判断和推理。"概念系列教学法"由吴格明提出，初衷是帮助学生把握文章思想，理清文章思路。"概念系列教学法"应用在阅读教学中，即是一种明确概念和概念间的关系，从而理顺文章逻辑的方法，让概念系列通过思维导图或板书的形式，从而反映文章思路。优点是以简驭繁地把文章的思路串联起来，板书有序，学生一目了然。例如，《白杨礼赞》的课程教学，将树的外形罗列，展现了观察事物的过程，教学简洁而条理清晰。

（四）其他教学法

第一，应用比较方法，教师引导学生进行前后联系、横纵对比，让知识在对比中记忆深刻。例如，教学《师说》一课时，通过与前面所学《劝学》一课的论证方法进行对比，则能更好地理解两篇课文论证的优点所在。另外，提纲、思维导图的形式也能让学生理清思维脉络，成为阅读的工具。

第二，语言与思维融合发展。思维的发展往往伴随语言建构过程，在课堂中，教师应坚持以学生为主体，把课堂的话语权交给学生，让学生提出问题、交流思想。

第三，理性思维确实应是培养的重点，但不能忘却语文教学的个性特点。例如，语文课本中选入的文学作品，其鲜明的形象特点、生动的艺术形式给学生更多的是情感和形象思维的陶冶。

第二节　中学语文"思辨性表达"教学方法

学生的语文核心素养是学生在积极主动的言语实践过程中建构起来的个体言语经验。这个经验不仅包括学生的认知、言语活动经验，而且也包括学生在言语实践中形成的情感体验、态度倾向、价值观念等。由于部分学生的议论文写作动机不强。因此，教师在进行"思辨性表达"教学时同样要关注学生的情感态度品质，以培养他们的语文核心素养和提升他们的学习效果。此外，"思辨性表达"的学习目标既包括学习理性的思辨技能，又包括养成思辨的素养态度，如澄清概念意识、辨伪反思意识。而思辨素养与态度需要在中学伊始就培养。同时，学生对思辨性表达的看法与认识可能比较浅显，教师可以植根于学情，通过调查准确地把握学生的认知起始点，开设一节思辨性表达起始课。

思辨性表达起始课的目标是让学生基本了解"思辨性"、明白理性思维、思辨知识与能力在表达中的重要作用与意义，从而树立正确的态度与意识；让学生清楚日常如何提升思维品质、如何为思辨性表达做准备，如介绍积累的方法，让学生运用到日常的学习中去。教师开设思辨性表达起始课，有利于带领学生形成理性思辨的共识，让学生产生较为强烈的思辨性表达动机；教师在起始课中通过"激趣"，让学生通过语文学习活动来探究、掌握思辨性基础知识，有利于消除学生的畏难感，激发学生的学习期待，调动学生学习思辨性表达的主动性与积极性。

教师可以在学生入学不久后安排这节课。除了起始课之外，教师同样需要注重在日常教学中的指导与示范。例如，教师可以在日常教学中布置相应的读写任务并适时鼓励，培养学生养成思考、积累的习惯，可以向学生展现自己的思考过程。起始课的教学既要注重激发学生的学习兴趣与动机，又要让学生在兴趣中理解知识。下面将根据学情，提出"思辨性表达"起始课的个别教学策略，具体内容有以下八点。

一、设计教学情境，领会思辨性表达

"思辨性表达是议论文写作的重要手段，而概念分析是推进思辨性表达的关键"①，设计教学情境，领会思辨性表达的方法旨在让学生通过模拟生活情境的表达来领会思辨知识。例如，教师可以设置一个生活情境，让学生试着向别人推荐一本书并说服别人购买，并且列举理由与证据。教师可以先让个别同学自由说出自己的理由与证据，其他同学则作为受众说出自己对理据的看法，作为组织者的教师在最后进行总结。学生可以从中总结出表达时呈现的证据，要真实可靠充分且有说服力。

二、确立思辨话题，创设真实情境与任务

语文学科核心素养是学生在真实的语言运用情境中表现出来的语言能力及其品质。因此，真实、富有意义的语文实践活动情境是学生语文核心素养形成、发展和表现的载体。首先，在论辩活动中，教师高效组织思辨活动的第一步就是确立话题；其次，培养学生内在的思维品质与能力需要引发学生去思考，而如果想要让学生愿意想、可以想和想得充分，教师需要确立思辨性话题、创设真实情境帮助学生想。因此，教师可以从话题、情境与任务的设计出发，激发学生的表达动机与兴趣。

另外，教师应引导学生关注社会文化生活，提高学生感受现实问题的敏锐性，以鼓励学生关注社会问题，提高社会责任感。首先，教师可以从文化历史材料、时事材料中挖掘话题；其次，基于"思辨性"特征，教师要确立具有思辨张力的话题，即包含对立矛盾观点、需要学生进行"比较和鉴别"的话题，这样的话题有利于训练学生思维的深刻性和严密性。

语文核心素养强调保障学生的学习权利，让学生在情境任务中自主探究建构。命题要站在学生的立场上，既要能引起学生的兴味，又要能引发学生去搜集材料，能使学生运用已有的经验学识。情境与任务，应当根据学生的实际情况，最好是学生亲身经历过的，或者可能经历的；任务是有必要的，或者是通过任务能实现的。否则，学生很难真正展开思考。因此，要唤起学生的表达欲望，让学生易于动笔，教师可以创设贴合学生生活学习实际且有意义的情境和任务。

---

① 郭斌：《运用概念分析，促进思辨性表达——以材料作文"碰撞"为例》，载《中学语文教学》2022 年第 4 期，第 42 页。

同时，教师布置的任务应该是需要学生进行语文学习活动、调动多方资源的。教师可以结合学生的生理、心理发展特点，结合学生可能且可以出现的场合环境，结合学生所需的发展素养来提出真实的情节、材料、问题、任务、对象和目的。例如，学校会举办升旗仪式、讲座，会有校团委和学生会的征文活动等，教师可以设计发表文章、对特定群体发表讲话、演讲的情境任务。另外，学生是家庭、社会中的一员，教师可以设计对家庭和社会的特定群体写信的情境任务，这有利于增强学生的亲历感、现场感和对象感。

三、提供"准备"的时间以及体验的机会

学生是根据特定的话题、情境来完成思辨性写作与论辩任务的，而语文核心素养提倡学生"对问题进行深度探究"，以培养"学生的思维广度和深度"为目的。因此，教师可以允许学生偶尔在课后完成写作任务，提供一定的准备时间让学生根据任务自主收集和调动材料资源。这一定程度上有助于他们确立观点、运用论据。

写作是一种丰富复杂的心理的、操作的、创作的活动。自行收集信息资料恰恰是学生学习写作、学习思考乃至发明创造最重要的路径，这是任何的其他手段都不能够代替的。语文核心素养视域下的教学强调要"考虑语文学习动机的激发，让学生主动参与、亲身体验、获取成就感""让学生真正成为学习的主人，以强烈的愿望、饱满的热情持久而深入地参与到学习活动中来"。因此，教师可以提供体验机会，让学生自主探索，做好表达前的准备工作。

对知识组织与运用的"准备"有三大益处：①可以养成敏捷精细的思想能力；②可以养成智识上的互助精神；③学生在预备表达的过程中经历"搜集资料、提炼观点、比较分析、综合归纳"的过程，在实践体验中不断建构言语经验。这不仅有利于强化他们的主体意识与表达动机，而且还有利于增强他们思维的深刻性和敏捷性，培养思维品质。教师可以鼓励学生先自行收集并整理信息资源，并在班级共享。教师可以引导学生"以写择读，以读悟写"来进行准备，即有针对性地选择"读"的资源。这里所指的"读"的内涵是广泛的，包括阅读、朗读、观看等，具体内容有以下三点。

第一，针对任务而读，写作与论辩的任务都有体式要求。文本体式是学生可以且需要自主感悟和模仿的。不同的写作情境任务涉及不同的文体，对此，教师应引导学生通过阅读明确这类文体的特点及其写作过程，揣摩借鉴并学习其写作的基本方法，培养良好的文体感。对于论辩活动而言，教师可以让学生通过观看论辩视频和阅读论辩稿来了解论辩活动的规则、角色分工，发现并学习别人立论反驳的方法。

第二，针对话题而读。教师可以引导学生搜集、阅读与主题相关的、能辅助自己表达

的信息材料。同时，教师要引导学生在选择、阅读材料时养成开放的心态，关注话题本身及其要素、话题的内部联系，以形成理性的文风，避免感性。教师可以提示学生根据不同的任务运用不同的阅读方法去"读"以上材料。例如，学习驳论，要精读经典驳论文所驳的内容与方法，泛读与主题内容相关的材料。此外，提升学生的思维能力和素养要特别重视语文课程中的梳理与探究活动。因此，这一准备过程还包括分析资料和对资料进行筛选取舍。这一过程需要学生对已搜集的材料进行整合与加工，这是训练思维的过程。

第三，将读后领会、感悟的内容进行梳理概括。教师可以让学生通过完成表格来呈现"准备"的结果。教师可以引导学生采用自主合作探究的学习方式来准备写作与论辩活动。分工、自主进行学习能节省学生做准备的时间，合作学习能让学生在共享交流中扩宽视野、启发思维、共同进步、深化其理解与感悟。学生可以在体验的过程中了解路径、积累经验，学习谨慎思考、精心构思。

四、指导学生积累掌握语言相关的材料

语言材料掌握的准确度、系统性和自如程度，与思维的深刻性、敏捷性有直接关系。没有高级的阅读、学习与感悟，写作无法触及深度思维。因此，基于培养学生语文核心素养的目的，教师应从内容、渠道、方法等多方面指导学生积累，引导学生在积累中建构、思考、感悟，为思辨性表达奠定相应的基础，从内容、方法和渠道上指导学生积累语言材料。

（一）有效开发利用教材素材资源

教材是最重要的学习资源，教师可以加强对教材资源的开发，向学生示范积累和运用教材素材的方法，指导学生从教材中获取资源并进行转化，使之成为重要的表达素材。这能让学生树立从熟悉的文本中寻找解决问题的辅助性材料、在将来的学习中关注阅读文本的意识。例如，教师在讲解文章背景时，可以同时补充与文章人物相关的素材，引导学生思考并积累。

总而言之，出自语文教材的论据丰富、权威、具有很强的说服力，是教师引导学生积累转化的重点素材，教师应有意识地挖掘和补充，让学生了解到更具体和系统的素材，然后指导学生进行积累。

（二）多渠道积累丰富的课外材料

除教材外，课外的材料也是积累的重要内容，如果想要提升积累的效果，教师有针对性的指导十分重要。

第一，立意是表达的灵魂，而立意的高度与深度在于思想，所以"思辨表达"的要旨之一是思想。因此，教师可以提供一些哲理性的文章给学生阅读，滋养他们的思想，提高他们的思辨能力。学生要提高"思辨性"，需要阅读的内容包括古今中外的论说名篇和近期的时评。对此，教师可以给学生推荐一些权威的时事评论媒体等，引导学生从这些媒体中听取主流的声音，看到争鸣的观点，鼓励学生在课后积累材料，这样既可以丰富学生的精神世界，又可以引导他们树立关注当代文化的意识，引发其思考。

第二，阅读内容还可以补充杂文。杂文是现代散文中以议论或批评为主，同时兼具文学意味的一种文体，是短小的文艺性社会评论，它的本质是说理，它所概括的内容具有超越时代的普遍意义，并且具有很强的理性，教师应该引导学生坚持阅读，让学生在持续阅读的过程中不断感悟并学习其说理能力，逐渐拓宽思维的深度与广度。教师还可以推荐学生利用周末时间观看一些内容真实、能够给他们提供思辨性表达借鉴的电视节目，如中国中央电视台的《开讲啦》。该节目每期都会邀请一位嘉宾进行演讲，嘉宾会分享他们对生命与生活的感悟，学生可以从嘉宾个人的生活经历、讨论的人生问题与社会问题中汲取素材，同时从演讲中感受条理与逻辑，得到滋养。

第三，学生在实际表达上还应清楚多种实用类文本体式的表达特点，如论辩体式、演讲体式、报告体式等。发现、辨别能力是重要的逻辑思维能力。因此，教师可以引导学生阅读不同文体的文本，让他们从中感受并辨析不同文体的特征并学会恰当地表达。

第四，建立优质的语感是提高思维品质的保证，语感包括口头语感与书面语感，读和听是培养语感的重要感官体验。教师可以引导学生通过听、读、观看优秀的语言作品来积累言语经验和语言材料。在渠道上，除了凭借纸质资料，教师也可以引导学生通过上网、观看电视节目来积累语言材料。学生在通过多渠道，利用多方法积累多样材料的过程中可以"感受和体验中华文化""关注社会文化生活"，并从中"增进对祖国语言文字的美感体验"，提升语文核心素养。

总而言之，教师引导学生积累材料可以引起学生对写作、论辩的关注，引发学生表达的兴趣与动机，思维品质会随着积累数量的增多而提升。因此，教师要引导学生持之以恒地积累，且注重日常指导，让学生在日积月累中提升素养。

五、指导学生通过"写"积累梳理材料

发展和提升学生的思维需要特别重视语文课程中梳理与探究的活动。教师需要培养学生在日常的素材积累中养成梳理与探究的习惯。因此，这里的"写"既包括学生在阅读过程中的摘抄记录、梳理与整合，又包括听读思悟之后的输出。

（一）指导学生记录并且梳理论据素材

"思辨性表达"要求学生在表达和阐发观点时讲求实证，有理有据，论据恰当。指导学生进行日常积累有利于他们在不同情境中自如调动材料，并将其转化为论据进行论证，从而支撑论点。因此，教师应引导学生树立"积累应指向表达"的意识，指导学生按照相应要求来进行素材的取证与表达中的举证。

就摘抄和记录材料而言，教师应让学生清楚进行思辨性表达需要具备丰富多样、细节充分的材料论据，指导学生按照相关要求来记录与梳理语言材料。例如，教师应引导学生搜集和记录多种材料，包括事例、话语、数据等。同时，让学生明白材料要充分、可靠、真实才有说服力。记录事例时要注重细节充分，所以记录的信息要包含时间、地点、人物、过程、结果等；记录的话语应包含话语人讲话的身份、职业、立场、场合、语境等。此外，教师可以让学生在摘抄记录时用主题词归纳梳理材料。

（二）指导学生撰写读书笔记深化认知

如果想要提高学生思维的深刻性，就要引导学生在日常积累中对材料有深刻的认知。因此，教师可以引导学生将所思所悟做成读书笔记，根据学生的认知发展规律，遵循循序渐进的原则，在不同学习阶段给学生布置不同的读书笔记任务。例如，从不成文的评点式笔记、心得体会到读后感，成文的随笔、短论、评论。此外，每个学生感兴趣的内容不同，教师可以让学生自行选择评论的种类，如影视评论、社会时事评论，同时指导写评论的方向与方法。

同时，教师需要定期批阅学生所写的内容，发现其中的优点与问题。例如，有的学生观点新颖，论证充分；有的学生不了解评论的写法；有的学生对评点重点把握不准确等。教师既可以视情况利用短暂的课堂时间进行评讲与指导，又可以在课后粘贴学生优秀的笔记，这样的分享容易引发学生课余的交流讨论，让学生互相启发。教师鼓励与指导学生通过听说读写活动积累多样的语言材料，有利于激发学生的表达兴趣和动机，促使学生养成良好的阅读、积累习惯，让思考成为常态。

六、重视教材指引过程指导，加强思辨训练

第一，思辨性表达的学习内容概括起来是写作与讨论辩论活动。在实际教学中，静态的思辨性知识需要与语文课堂教学相结合。因此，教师要引导学生在听说读写的活动中理解思辨性表达知识，并融合自身的体验、感受形成思辨表达能力。结合教材指引和学情进行教学写作与论辩活动的过程是复杂的，学生需要掌握思辨性知识与调动综合的技能。越

来越多教师认识到思维指导与训练对表达的重要性。教师要有计划地安排作文的思维指导，而实际教学可以遵循教材的指引灵活开展。

第二，语文核心素养强调有意义的学习，而学习要有意义，需要实现知识的迁移与应用。"读"与"写"之间存在着相互促进的正向迁移。从语言与思维的角度来看，阅读与写作都是意义的建构以及重写，二者的关系是同步交融的。"思辨性阅读"与"思辨性表达"两个学习内容共同构成"思辨性阅读与表达"学习任务群，编入本单元的文本具有思辨性，教师在指导学生阅读学习时理应注重思辨性。

第三，应该结合教材的指引来开展"思辨性表达"教学。结合教材指引进行教学可以从课文的教学提示中挖掘重要的思辨性写作要点，可以根据单元任务后的"表达指导"的提示来开展。教师根据教材的指引进行教学有利于让学生从理解思辨知识转向运用思辨的知识，学会迁移，提升思维的深刻性。同时，教师可以不拘泥于教材的安排，而是根据学生的认知发展规律与学生出现的写作问题，对教材进行二次开发，例如，对教材提出的要点进行补充、灵活的调动，开发适合开展教学的学习内容。

第四，教师在教学中应进行教学要点补充，补充具体深入分析、论证的路径与方法。此外，由于教材单元既要安排阅读内容，又要兼顾作文指导的安排，所以教材的写作指导内容未必能遵循严密的逻辑。因此，教师需要根据学情进行灵活调动。但是，论据的积累应该在日常进行，使用论据则在每次训练都会涉及，因此，教师可以在一开始进行思辨性表达教学时就指导学生如何积累和使用论据。

七、合理组织课堂论辩活动

思辨性包括思辨技能与思辨素养态度，要检测与评价学生在表达中是否具备这两方面的思辨性，教师需要给学生提供展示交流的平台。中学生的求知欲、实现欲较强，他们有强烈的口头表达动机，而在课堂上开展论辩活动就是给学生提供展示的平台。基于增强学生思维的敏捷性和灵活性，培养学生在表达时以平等开放的心态倾听他人意见、学会尊重多元意见的素养态度的目的，课标规定的讨论与辩论活动不能在语文课上缺席，同样需要让学生做好准备工作，然后落实开展。同时，教师应想方设法创造条件让学生参加有实战气氛的活动。因此，论辩活动在举办时应有"仪式感"。所谓理性，不仅意味着情感要接受理性的节制、调控与引导，也意味着课堂教学的秩序、流程和策略必须置于理性的干预之下。因此，要在论辩活动中培养学生的理性意识，教师需要制定论辩活动的规则与流程。课标要求讨论与辩论活动的举办次数不少于三次。

针对大部分教师没有开展论辩活动的现状以及部分教师不清楚在班集体背景下如何高

效开展的困惑，笔者基于班级共同体的背景，对论辩活动的组织策略进行探究。

（一）讨论活动的组织方法

讨论活动是专题讨论，与一般课堂中短暂的讨论不同。这里的讨论是一种因存在不同的意见，为解决某个问题，在交流中达成共识而进行探讨的方法。讨论的第一个目的在于集体交流中汲取宝贵的东西，集思广益、加深理解，向他人学习；第二个目的是发表自己的观点，互相启发，坚持自己认为正确的意见并试图说服别人。

在讨论活动中，教师需要在学生开展活动前对学生进行指导，并且实时关注讨论情况及时点拨。在设定学习小组的前提下，为保证每人都有机会发言，教师要规定学生发言的时间。制定规则是教师组织讨论活动的重要一步。教师可以将讨论的规则设定为：讨论发言时采用流动式发言，发言学生可以阐述自己的观点和依据，其余学生需要倾听与记录。随后发言的同学，既可以对前面同学发言的内容做理据的补充，又可以提出不同的观点并列出理据，同时也可以对前面同学发言内容的相似点与不同之处进行归纳整理，引导组员从此出发深入讨论、达成共识，还可以从不同角度完善前者观点或提出创新内容。

总而言之，讨论活动是组内互相启发、达成共识的过程，学会讨论是开展辩论的准备活动。因此，教师在班级中举办讨论活动的时间可以先于辩论，学生从中了解到基本的流程就可以运用到课外自行组织的讨论了。

（二）辩论活动的组织方法

辩论作为最具真实感、最能激发学生表达动机的活动可以举办两次，让学生在两次不同的活动中参与、体验不同的角色，在班级这个学习共同体中得到更多的收获。辩论有利于培养学生全面的语文素养。教师在课堂内举办的辩论赛可以采取与一般辩论赛相似，甚至一致的规则和程序，以更好地营造实战气氛，吸引学生全程投入。

教师在班级内组织辩论活动的关键是角色分工，角色分工可以采用班级成员自荐的方式。基于班级共同体的背景，辩论活动的角色可以包括正反方辩手，正反方的智囊团，规则员、投票员。让不同的角色在不同的环节中发挥作用，让学生在角色体验中得到收获。

此外，如果想要让论辩活动得到高效开展，教师需要结合学情，在中学阶段循序渐进地开展指向"思辨性表达"的口头表达活动。教师可以利用多种形式组织学生锻炼口头表达。例如，让学生从进行准备性演讲到即兴演讲、即兴发表评论，再到学习讨论与辩论。由于每次的口头表达活动都会落实到具体的自我感觉和听众评价，因此持续的锻炼有助于学生提升综合素养。

八、发挥学习共同体的作用进行评价及修改

评价与修改环节是"思辨性表达"教学中促使学生审视反思的重要环节。语文核心素养视域下的教学注重"学习共同体",而班级是以共同学习活动和直接人际交往为特征的社会心理共同体。因此,教师可以让学生在班级学习共同体中通过交流来提高评价与修改的效果。交流不仅可以发挥学生的主体作用,而且还可以给学生提供整理思路、相互借鉴、再学习的环节,这一过程有利于培养学生的素养。

评价的过程即学生学习的过程。所谓"评价即学习"强调评价本身就是学生元认知的过程。最终目标是让学生掌握一定的技能和思维习惯,使得他们能够在日渐独立中进行自我的知觉。因此,语文核心素养视域下评价的目标不仅包括检测学生的思辨技能与思维态度习惯,还包括促进学生在自我认知、自我管理、自我学习等方面的发展。

在"思辨性表达"的教学中,讲评环节向来受到教师的高度重视。基于在评价中提升学生的元认知能力的目的,针对部分学生在评价时不清楚目标与标准,导致评价环节不能发挥最佳效果的情况,教师可以引领学生借助评价量表这一学习工具进行评价。规范的评价量表包含清晰的项目、具体要求、表现等级、表现行为,是一个严谨的学习指南。它不仅具有测评作用,还发挥着优化、整理、联结学习内容的重要作用。因此,教师可以在正式进行评价前确定评价的内容,设计规范的评价量表。

教师可以针对不同话题、情境与任务需要落实的思辨性表达要点设计评价量表,并直接提供给学生对照评价。此外,出于评价的目标之一是提升学生自我管理、自我认知能力。因此,教师可以在时间允许下,带领学生一起设计评价量表。在此过程中,首先,教师可以提供机会先让学生以小组合作的方式,分析表达任务,概括出该任务需要的核心知识技能与思辨素养态度;其次,尝试提出评价的项目与要求;最后,由教师进行总结、补充并拟定评价量表。

学生在评价的过程中,首先,通过分析任务情境,理解重要的目标及学习要点;其次,尝试拟定评价量表;最后,根据评价量表审视、评价他人的习作与论辩活动,从中发现问题,同时汲取优秀经验。学生评价他人表达成果的过程就是使学生间接做到自我评价、反思自己的过程,能够提升核心素养。引入评价量表有利于引导学生根据具体要点进行评价和发表看法,提高学生倾听、交流、改进的意识,让学生将思辨技能内化。

(一)营造"拟真"情境的教学方法

学生听话的理解力,说话的流畅度、感染力,对不同环境场合的适应性和语言风度都是其思维品质的体现。"口语做法"教学要有"表演"以及"批评"两个环节,且两个环

节都需要落实到具体的自我感觉和听众批评的细节，使学生的说和听都有可检讨凭依的地方。

"思辨性表达"是学生在真实情境，即具体的语言交际环境下完成的，该情境包括写作者的角色、写作目的、读者等。因此，教师可以营造"拟真"情境，让学生充当表达者与受众者，分别进行"表演"和"批评"。教师可以引导学生通过读和听来辨识文章内容是否符合情境的任务要求、能否很好地体现写作者的角色和是否具备读者意识等。

教师可以通过屏幕投影展示文章，让学生自主阅读，学生可以通过阅读来直观感受语言是否准确、简明。此外，教师可以安排一位学生代入表达情境、按照题目的要求来模拟表达，即"表演"。教师可以通过这个形式锻炼并评价学生说话的流畅度和感染力、对特定情境场合的适应性与发言风度。同时，教师可以安排其余学生"身临其境"，代入受众角色，并根据评价量表说出其优点与不足，学生在这学习过程中可以提升听话的理解力。在评价材料的选择上，教师要注意给学生提供"异质资源"，即教师既要提供范文，也要提供反例。同时，教师最好选取从不同角度写的文章。这样更利于引发学生的对比辨析，提高评价效果。

总而言之，评价主体是学生，教师营造"拟真"情境让学生评价文章，不仅有利于发挥学生的主体性，让学生全身心地投入其中，而且还有利于提高学生分析写作任务的意识与能力，提高评价的效果。"表演"的学生在表达的过程中锻炼能力，充当"批评者"的学生也在此情境中充分调动自己的感官来审视语言。

（二）采用"商议"的教学方法

作文评改必须有两个回归：一方面，评改最终都要回归作者的反思内化；另一方面，作文评改一定要由评到改，评价是基础，修改是关键。教师带领学生经历了理解评价目标、拟定评价量表与在"拟真"情境中运用评价量表进行评价的过程后，就要进入修改的教学环节。语文核心素养关注学生的思维过程，有助于提升思维过程的手段是具有开放性和合作性的商议、讨论与对话。

第一，班级学习共同体强调学生是在彼此尊重、共同参与、平等商讨的氛围下学习的。因此，教师可以让学生在班级共同体的环境中交流互动、通过"商议"的方法落实修改。教师可以先对学生的写作与论辩活动进行评价，随后指导学生进行"议"。"议"指的是让学生先自行评价，再以小组为单位根据评价量表评价其他同学的作文与论辩活动，找出需要改进的问题和可以补充的地方。然后，小组成员共同探究优化表达的方法，并尝试给出完善的意见。其余同学可以提出自己的意见与看法。而教师在听评以及总结时，可以及时补充理论知识，这样能适时让学生了解并纠正写作中存在的问题，认识写作规律。

第二，在班级共同体的背景下采用"商议"的方法进行修改可以让有需要的学生得到切实的修正反馈。同时，学生在这一评价环节中的表达与交流是在知识和信息积累的基础上进行的。因此，学生在商议的过程中调动自己的积累提出看法、展开交流、互相启发，可以提升举一反三、见微知著的能力和逻辑思维。由于感悟与自觉反思既是思辨性表达的学习要求之一，也是语文核心素养强调的内容之一。因此，在"思辨性表达"教学中，教师可以引导学生利用课后学时对自己的表达进行自我总结和反思，主动建构表达经验。

第三节　中学语文思辨读写教学的落实途径

思辨读写要求学习者勇于思考、大胆质疑、小心求证、慎思明辨。拟从三条途径引导学生开展个性化的思辨阅读：其一，课堂延伸式思辨读写；其二，体验式思辨读写；其三，整本书思辨读写。这三种方式由浅入深，且层层推进，旨在提高学生的思辨读写能力，具体内容有以下三点。

一、中学语文课堂延伸式思辨读写教学

以语文课文《荷塘月色》的教学为例。《荷塘月色》一文的文眼是"心里颇不宁静"。写作背景是作者来到荷塘，看到夜色下的荷塘和荷塘中的月色，心情由郁闷转为喜悦，回到家又转为沉重的心路历程。课堂上，这篇散文鉴赏结束后，有些学生提出质疑："作者笔下的荷塘和月色迷人，但是一个人在心情烦躁的时候，如何有心情如此细腻地去观察美景？况且还是傍晚。"

面对学生的疑问，首先，教师可以列举实际校园生活中存在的荷塘例子，提议学生用生活的经验以及亲身感悟等去反观文本内容，展开思辨；其次，教师应引导学生将所见所感付诸笔端；再次，教师应帮助学生反观文本和作者的情思，这样就能够更好地理解和感悟；最后，让学生将所思所感写下来，达到阅读和写作交融的目的。在这一过程中学生的思辨思维得以生发。

二、中学语文体验式思辨读写教学

以语文课文《雷雨》的教学为例。教师在执教《雷雨》一课时，可以用体验式表演为主要学习方法，营造一种在周家周鲁相认的氛围，使学生更加投入。教师要引导学生通过阅读将周鲁相认的场景还原。学生摆好桌子，在桌子上放好符合周朴园身份的物件，并且设置屏风、拿扇子的仆人。教师可以挑选扮演周朴园的学生，让其通过思辨审阅，深入

揣摩周朴园出现双重性格的根源。表演者通过思辨阅读深入领会，表演时的状态就会更加投入，对课文的理解也就更加深刻。

总而言之，体验式思辨阅读需要学生潜心阅读，认真思辨，反复验证，耐心地揣摩人物感情，精心地准备所需的道具，才能最大限度还原真实的场景，刻画人物语言、动作和神态。在同学们的表演过程中，每个角色都被惟妙惟肖地还原，从中也能看出大家被戏剧美感所征服的过程。学生切身体会剧中人物的一颦一笑、一言一行，有了"以身体之"的体验式思辨阅读活动，剧中人物的一切好像都真实发生在自己身上，思维因此顺势打开，阅读体验就走向了深入。

三、中学语文整本书思辨读写教学

以语文课文《哈姆雷特》的教学为例。教学可以每周开展一节阅读课，经过一个月的时间，经历基础阅读、检视阅读到分析阅读以及主题阅读四个步骤，由浅入深、由粗到细、由表及里、层层推进。同时，教师也应该教授学生在阅读类似的经典整本书时，也可以运用同样的方法。尽量让学生做到以质疑和求是的态度独立自主阅读，做到阅读的同时也去理解质疑，边批判边反思求证，最后以文章的形式撰写，表达自己的见解。

另外，学生在前面课堂延伸阅读思辨和体验式阅读思辨的思维训练之后，阅读完成《哈姆雷特》整本书，学生就会提出很多问题，带着问题再回到文本中找出相关细节仔细阅读，在小组内展开讨论，对文中的观点理性地思考评判，与文本展开深层次的对话，进而解开心中存在的疑惑，展开个性化的阅读。

综上所述，教师以提高学生由课堂文本思辨到生活体验思辨再到个性化读写思辨的能力为宗旨，采用多种方式展示学生的作品。例如，周记点评、投稿发表等，鼓励学生积极进行思辨和表达。在此过程中，学生不仅思辨思维得到了训练，而且语言表达、写作能力也得到了相应的提高，学生享受到学习乐趣的同时，其核心素养与能力自然而然得到了提升。

第三章 中学语文教学方法中的思维渗透

第一节　中学语文教学的合作与自主学习

一、中学语文教学的合作学习

与其他学习方式比较，合作学习的特征明显，其价值亦有其独到之处。合作学习可以界定为：是以合作学习小组为基本形式，系统利用教学中动态因素之间的互动，促进学生的学习，以总体成绩为评价标准，共同实现教学目标的教学活动。

（一）中学语文教学的合作学习原则

合作学习的课堂管理应运用恰当的教育教学手段，调动学生的主观能动性，优化课堂教学结构，提高课堂教学效益，全面提高学生的综合素质。具体而言，应遵循如下原则。

1. 合作学习的主体性原则

主体性原则指的是在小组的合作过程当中要尊重学生学习的主体性、能动性以及学习自主性、学习创造性，要让学生在小组学习中积极主动地发表自己的意见。教师需要注意的是教学活动当中的学生不只是被管理对象，与此同时，他们还是管理的主体，教师应该充分激发学生的能动性，让他们自主管理小组、管理教学活动，让他们自主解决遇到的问题。

主体性原则的应用主要涉及两个内容：首先，学生的主体性必须得到充分的尊重，学生必须在课堂活动中发挥自己的作用，课堂活动也必须把学生看作是主体，学生应该拥有独立的人格、独立的决策，要有自己的学生观、价值观；其次，教师应该为学生主体性的体现创造条件，引导学生形成自己的主体性人格，也就是学生主观上愿意进行自主性的选择，打破外在因素的限制，这个过程是从自发到自觉的转变，让学生自觉地参与课堂活动、课堂管理，充分发挥主体性，在这样的情况下学生的求知欲必然会增强，学生会把知识的学习和了解当作一种探索，会获得学习的乐趣，逐渐进入学会和会学的境界，与此同时，学生的合作意识、合作技能也得到了提高，合作学习的模式也能够持续发展下去。

2. 合作学习的有效指导原则

合作学习模式需要教师把学习的主动权重新交到学生手中，让学生有自主构建学习时间和学习空间的权利，让学生的思维有更多发展的机会，让学生能够进行自主学习。将学习主动权归还给学生并不是要削弱教师的作用，相反，教师的指导作用得到了增强，教师必须发挥出自己作为课堂组织者、引导者的作用，要掌握教学的各个环节，教师和学生之间更像是合作的关系，教师不可以过度干预学生对学习问题的思考，但是又不可以对学生遇到的困难置之不理。

3. 合作学习的师生合作原则

师生合作指的是在课堂学习过程中，学生和教师对彼此的依赖，两个课堂主体是相互促进、共同发展的关系，师生合作的特征是通过合作谋求共同发展，师生合作的中心是教师和学生之间的交流互动。教师和学生要承担起自己在合作中的责任，形成合力。课堂是非常活跃的整体，在课堂中的每一个人都要担负起自己的责任，不能将自己置身于课堂之外。语文教师是课堂的管理者，不仅要维持课堂的维持、安排任务，还要推进教学进度；学生是课堂真正的主人，既要管理课堂，也要管理好自己。两个主体对课堂的责任存在关联，没有一个主体是独立的，在主体之间建立合作关系能够让课堂更加完善。例如，学生对课堂的管理有助于学生提高自我管理水平，也有助于教师提高自己的管理能力，与此同时，还能够提高教师和学生自身的责任意识，而且教师对学生管理方面的指导能够让学生更加积极地参与到管理当中。师生之间的合作意味着在课堂中彼此地位的平等、彼此权利的平等，也意味着彼此都要承担课堂的责任，要遵守课堂规范，而且要不断地交流沟通，促进彼此的合作。

4. 合作学习的成功机会均等原则

成功机会均等指的是在小组学习中，中学生通过自身成绩的提高对小组成绩提高做出贡献，这样的学习模式参考的是学生以往的成绩，属于标准参照性，和传统的常规模式参照性不同，这种模式的优点是优等生、中等生、差等生都能发挥自己的作用，因为小组重视的是每一位成员的贡献，这有利于所有学生的共同发展。现代教育注重的是每一位学生的成长，强调学生应该享有平等的学习权利、成长权利。异质小组的合作学习尊重不同学生的差异，这对于学习困难的学生有非常大的帮助，需要注意的是，在建设这样的学习小组时，教师要做好优等生和学困生之间的搭配，要发挥优等生的学习带动作用，帮助学困生学习，激发学困生学习的动力，并且传授学困生学习的方法。除此之外，教师还应该在合作之初设置好基础分数，并且在未来的学习中以学习提高分来评价学生，这将会很大程度地激发学困生的学习动力，让他们获得学习成就感，可以说，这很好地保护了学生的学习兴趣。

5. 合作学习的小组激励评价原则

全新的评价理念强调的是学生学习主体地位的体现，评价可以让学生正确认识自己，有针对性地在某些方面提高自己，除此之外，评价理念还强调进行形成性评价，这种评价方式能够增强学生的成就感和自信心，还能够培养学生团结合作的精神。合作学习不会过于关注学生个人的成绩，会将团体的成绩作为学生是否获得奖励的依据，对学生进行的相关评价、相关奖励会依照小组总体成绩为标准，合作学习模式的存在使得学生个人之间的竞争变成了合作小组的竞争，小组之间激烈的竞争会反过来促进小组内部成员的合作，能够让小组中的每个人都各尽其能，能够最大限度地激发个人的潜力。而且相比于学生个人的努力和奋斗，小组形式的努力能够让学生体验到更多的乐趣，有助于培养学生的合作精神，提高学生对合作的积极性。

6. 合作学习的相互依赖原则

（1）目标上的相互依赖。小组学习的目标是相同的，教师会分配给小组一个或者多个学习目标，学习目标的完成需要小组内部成员的共同努力，这样的学习模式会让小组内学生的学习动机明显增强，之所以会产生这样的效果是因为个人不代表自己，代表的是小组集体的荣誉，会促进学生动机的增强，让学生想要完成教学任务，会让学生尽最大努力地完成小组的共同任务。

（2）资料上的相互依赖。中学语文教师应该分发给小组成员不同的语文资料，小组中的成员不应该拥有所有的资料，这是为了让学生之间加强分享、加强交流，只有通过交流才能获取所有的资料，才能完成任务。

（3）角色上的相互依赖。小组内成员在分担角色时应该让每个人承担不同的角色，角色的分配可以由教师指定，也可以由小组成员自行决定，角色之间要有联系、有互补。承担某一角色的小组成员必须承担角色的责任，每一个人都有自身角色的任务，所以保证了每一个学生参与交流和活动的机会，避免在课堂活动当中有人被遗忘。合作学习直接或间接地提高了学生的责任感、归属感以及自尊感，激发了学生为集体服务的动力，而且小组学习的形式有效地降低了学习焦虑，学生更愿意表达自我、更愿意尝试、更愿意创新，有利于学生创造力的提高。

（4）奖励上的相互依赖。如果小组成员表现优异，那么整个小组都会获得活动奖励，也就是合作小组成员成绩是共享的。

7. 合作学习的最小干预的原则

最小干预原则即当正常课堂行为受到干预时，应该采用最简单的、最小值的干预纠正违规行为。如果最小值的干预没有发生作用，可逐步增加干预值，主要目的是既要有效地处理违规行为，又要避免对教学产生不必要的干扰。干预的结果，应该是尽可能使教与学的活动继续进行，使违规行为得到较好的控制。

如果让那些出现了行为问题的学生成为教室里的注意力焦点，他们反而会获得成就感。有经验的中学教师都会以不太引人注意的方式来处理学生的行为问题。他们会在自己的讲课中把学生的名字带进去，被叫到名字的学生自然会得到提醒，而其他学生则可能不会觉察出问题。

（二）中学语文教学的合作学习管理

1. 确定学生个人责任

小组学习过程中会有能力强的学生特别愿意完成任务，为了避免能力强的学生替代其他同学完成任务，教师可以将学习责任分配到具体个人。

（1）责任承担。小组在有了共同的目标之后，应该将目标分成不同的小目标，每一个人都要承担一个小目标，最终小组目标完成的程度取决于每一个同学完成小目标的质量。

（2）随机提问。随机提问指的是从小组成员当中挑选一个随机提问，并且对他的回答做出评价，他的评价代表小组活动的整体评价，因为提问是随机的，所以每一个人都有可能向老师展示活动成果，这就使得成员积极地参与活动，否则会影响小组荣誉，这种集体荣誉感造成的压力能够让成员认真参与活动。

（3）个别测试。在集体讨论的时候，成员之间是可以交流的、可以互相帮助的，但是当老师检查学习成果时，学生必须独立完成，并且以学生的个人表现当作小组的成绩，这种测试方式能够让学生失去小组的保护，让他无法逃避学习的责任，而且如果学生积极学习、积极参与，就能获得较好的成绩，能为小组赢得荣誉，这有利于学生积极性的提升。

2. 强化学生自我管理

真正有效的管理是学生自我的内在管理。课堂既然是教师与学生的共创，那么，学生同教师一样，也是课堂中具有独立精神意志的主人。而且，课堂活动的最终目的是促进学生的健康发展，离开了学生的参与、支持与合作，课堂管理便失去了意义。内在管理强调学生积极主动参与，在参与过程中形成自主意识和责任感，从而激发其主动和创造精神。内在管理不仅能提高课堂管理的效益，而且能发挥学生的聪明才智，有利于他们的成长和发展。

3. 制定合作学习的规则

合作学习规则能够约束和规范合作小组的学习过程，能够让课堂教学更加规范，也能够让学习效率得到有效的提高。一般而言，学习规则主要涉及五个内容：一是自我管理，始终在自己的座位上，控制好自己的音量，不打断别人、不说废话；二是听人发言，在别人说话时不插话，记住别人的说话要点，给出合适的评价；三是自己发言，发言内容要包括自己的独立思考，要条理清晰、表达清楚；四是互帮互助，既要帮助同学，也要虚心向同学请教；五是说服别人，要保持自己的态度，对别人的看法提出质疑，但是态度要诚恳，要用道理让别人认同。

4. 发挥小组长的职责

分好小组之后，教师应该选出小组长，小组长的任务是维持小组纪律，分配任务，安排和组织集体讨论，做好任务总结等。在最开始展开合作时，小组组长应该选择人缘好的、有能力的、在学生当中有威信的同学，与此同时，教师也应该对小组组长展开培训，给予他们一定的管理权力，但是也要避免他们利用权力垄断小组任务，要监督他们，让他们正确使用权力。

5. 教师必要的督促与介入

中学语文教师应该介入合作学习的全过程，并且要督促学生的合作，中学语文教师对合作的介入和管理包含非常多的内容，例如，教师要默默观察学生解决问题的过程，如果学生遇到难题可以暂停活动，给学生做出一定的指导和示范；对于表现好的小组要给予表扬引导，其他学生会主动效仿良好行为。教师的介入是为了让学生掌握正确的合作技巧，在学生遇到难题时提供帮助，通常情况下，如果出现了以下问题，则教师要参与到学习活动中，具体有以下三点。

第一，如果同学不了解任务，教师一定要介入，对任务进行解释。

第二，教师要时刻观察学生的任务完成过程，如果小组顺利地完成活动任务，那么教师要及时地给出表扬和奖励。教师也可以在结束之后介入小组讨论，保证每一位成员都参与小组讨论。如果小组完成任务的进度缓慢，则教师也不要急于介入到小组讨论中，可以先观察一段时间，如果遇到的难题实在无法解决，教师再进入小组指出问题，给出问题解决的思路，需要注意的是，教师不能直接给出答案，而是要引导学生寻找答案。

第三，教师要维持讨论的纪律，如果某一个小组的声音过大，那么教师要对小组的这一行为及时制止，教师也可以让小组成员位置更加靠近一些，这能够有效地降低他们讨论的声音。

需要注意的是，在合作小组开始讨论之前，需要告知学生合作需要的技能，还要训练他们的合作技能，但是在合作开始之后，还是会有同学无法真正地使用合作技能，这个时候中学语文教师需要参与到合作中，帮助学生更好地掌握学习方法，更有效地使用学习技能。如果教师发现小组讨论的内容和主题相互脱离，那么教师应该及时制止并且为小组的讨论指明方向；如果合作学习已经进行了一段时间，那么教师可以询问某一小组的具体进度，了解学习任务的完成情况；如果有小组完成了学习任务，那么教师应该检查任务是否真正完成，如果确实完成了学习任务，那么教师可以让小组成员自由活动，也可以让小组成员自由选择帮助其他的小组完成任务。

6. 选择最佳合作时机与合作内容

（1）选择最佳合作时机。要根据教学实际需要，把握合作学习的时机，尤其是在教学任务较多或需要突破重点难点的时候，在学生意见产生较大分歧或思维受阻时，都可以组织合作学习。选择最佳合作时机不仅可以调动集体的智慧，每个同学都能参与，掌握了相关知识和技能，还让每个学生感受到个人和集体的力量，认识到合作是必需的，充分体会到合作的优势，感受到合作的意义，享受到合作成功的愉悦。

（2）选择最佳合作内容。学习的内容要适合学生交流思想，任务应当具有一定的难度，具有合作学习的价值。学生通过自主学习无法完成或无法较好地完成的内容，可通过合作学习让学生相互帮助、相互讨论、相互交流完成或更好地完成学习内容。

7. 正确处理主要合作关系

（1）正确处理个人学习和合作学习的关系。小组合作学习的目的是把小组中的不同思想进行优化整合，把个人独立思考的成果转化为全组共有的成果，以群体智慧来探究问题、解决问题。因此，有效合作学习的前提就是个人学习，合作学习应该建立在个人学习的基础上。学生对学习内容获得较为全面的把握后，上课时有备而来，带着问题、带着思考、带着求知的兴趣进入课堂，也才有可能在与他人合作时有话可说、有感而发，才能避免以个别学生的思维代替其他学生的思维。而且每一个学生领悟和探究的视角又各不相同，更易于激发在相互交流时思想的碰撞和思路的拓宽，提升合作学习的效果。当然，也便于教师及时了解学生的疑点、难点，更有针对性地组织教学，促进学生更高层次思维的发展。

（2）正确处理竞争与合作的关系。竞争与合作是对立统一的关系。两者既相互区别，又紧密联系，都是最基本的社会互动形式，永远不能孤立地存在。与合作相比较，在没有引导的情况下，人们更倾向于选择竞争的行为方式。我们需要做的是针对传统教育造成的不良竞争环境加以引导，使其转化为良性竞争。我们可以在小组内部和小组之间引入竞争的机制。在小组内部提倡竞争，可以充分激发学生的潜力，使学生能够积极参与小组合作学习。值得注意的是，小组内部的良性竞争并不会影响到小组成员之间的合作，它们都是基于小组合作学习共同目标的实现，竞争只是在小组内部形成一种比赛的氛围，目的是为了实现小组合作效率的提高。而在小组之间引入竞争机制，则有利于促进学生的小组意识，形成集体荣誉感，小组成员彼此之间相互帮助、共同抵抗外界的压力。

（3）正确处理教师和学生的关系。在合作学习过程中，始终坚持一个原则——学生是合作学习的主体。因此，合作学习更加注意学生的心理需要，把教学的重点放在学生的"学"上。就表面而言，教师失去了传统教学中所拥有的"权力"或"权威"，但事实并非如此。教师的作用更加重要、责任更加重大。教师要进行讲授，要引起学生学习的兴趣和动机，要促使每一个学生获得最大限度的发展，还要善于协调各小组的活动，对学生和小组进行认可或奖励，促使学生主动掌握知识、发展能力。

8. 对学生所期望的行为给予关注

中学语文教师应该对他期望的课堂行为给予特别的关注，教师的特别关注会引发学生的效仿。例如，部分教师会在课堂中提醒不认真听课的学生，有的时候会点名批评不认真听课的学生，但是教师严厉批评的结果是其他的学生争相模仿说话学生的行为，这是因为他们想引起教师的注意，教师的批评反而引起了和预期目的相反的效果。在同学比较多的合作课堂中，教师应该引导学生，让他们清楚明白地了解教师期待哪些课堂行为、哪些课堂行为是有价值的，如教师应该告诉学生认真倾听别人的表达，按照顺序发言，不要打断其他同学的发言，除此之外，教师还应该对符合他期望的小组给予表扬，例如，如果教师希望讨论的声音小一点，那么教师可以对讨论声音大的小组不给予关注，对讨论声音小的小组给予表扬和关注。与此同时，教师要给出表扬的原因，这能够在很大程度上引发别的小组的效仿，进而实现教师想让讨论声音小一点的目的。

9. 不轻易调换小组成员

合作学习过程中小组的创造力并不取决于个别的小组成员，而是取决于小组成员之间的交流方式、互动方式。一般在合作初期都会出现合作不顺利、不友好的情况，也会有个别成员希望调换合作小组，教师对个别成员的这种要求处理一定要慎重，不要随意地更换小组成员，因为随意地更换小组成员会导致学生无法学习到和他人的沟通技巧，出现问题最好的方式是解决问题。教师应该合理安排小组成员的组成，例如，对于独来独往的同学，教师可以将它安排在人缘比较好、乐于助人并且非常受欢迎的同学身边，这能够有效地保证学生不被孤立、不被遗忘，能够保证他们进行充分的交流学习。

10. 确定合作目标与任务

合作学习有共同的目标，在共同学习的过程中，教学目标要有一定的情感功能，要追求知识学习、技能学习、情感交流的均衡，学习小组的目标应该由教师制定，在制定好目标后，每一个小组成员都要遵守。合作小组中的成员在完成个人目标后，还要帮助小组内其他同学完成目标，只有这样才能完成他们共同的小组任务。

二、中学语文教学的自主学习

中学语文教学需要培养学生的自主学习能力，"根据学生身心发展的特点及语文学科的特点有计划、有目的地进行教学，让学生在积极主动的学习活动中不断提高其语言表达能力、鉴赏能力和感悟人生的能力。从而不断提高学生的语文学习能力和语文素养"[①]。自主学习是学生在教育者启发、指导下，充分发挥自己学习的主体作用，在学习的整个过程中对学习的各方面，包括学习情绪、学习策略、学习方法与技术等做出主动的调节、控制，从而完成学习任务的过程。

（一）中学语文教学的自主学习原则

1. 自主学习的自主性原则

中学语文教学实践的特殊性要求教师必须具有创新意识，必须全方位确立学生的主体地位，充分调动学生的积极性，注重学生个性的培养。现代教学理论认为学生是学习活动的主体，也就是要让学生自主学习。

在中学语文教学过程中，教师一方面要创造机会，乐于放手。要积极为学生提供自由思考的时间和机会，为全体学生创设一个主动探索的空间。另一方面要相信学生，敢于放手。学生是学习的主体，他们有自己的思维方式，有一定的知识积累，对一些知识的学习，学生独立或通过合作是能够解决的。作为教师，要让学生在课堂有限的时间和空间内，多读、多说、多思，使学生真正成为课堂的主人。同时，大力创造学习的机会，学生能发现的教师不暗示，学生能叙述的教师不替代，学生能操作的教师不示范，学生能提问的教师不先问，使学生在力所能及的范围内"跳起来摘果子吃"，让学生自主地运用所学知识去解决实际问题。

此外，中学语文教师要立足学生，善于放手。中学语文教学不能无目的地放手，当学生对知识不理解或操作不规范时，教师要加以引导。自主学习并不意味着任由学生自己学，同样也离不开教师的导。教师要善于在方法上引导，在关键处点拨。

2. 自主学习的目标性原则

自主学习的语文课堂管理应当有正确而明晰的目标，它为教学目标的实现提供保证，

[①]　王靖：《中学语文自主学习策略探究》，载《才智》2013 年第 24 期，第 19 页。

最终指向教学目标。目标本身具有管理功能，直接影响和制约师生的课堂活动，能起积极的导向作用。并且，目标使学生成为积极的管理者和参与者，对于发挥学生自觉的求知热情，增强学生自我管理能力，也具有积极意义。

在中学语文教学过程中，教和学的活动主要是确定好准确适度的目标，使知识的难度恰好落在学生通过努力可以达到的潜在接受能力上，从而不断构建新的知识结构。在这种目标的适度要求下，教材的处理、教学方法的运用、教学过程的每一环节，都要体现学习目标。只有树立目标意识，教师的教和学生的学才会同步提高。

激发学生自主探求的兴趣和欲望，这是构建中学语文自主学习课堂教学模式的核心要素。如果让学生根据自身的情况，在教师的帮助下确定对自己有意义的学习目标，自己确定学习进度，那么学生的学习兴趣肯定非常浓厚。让每个学生在课堂中充分行使自己的权利，充分享受学习的乐趣。这就给了学生自由选择的权利，为他们提供了主动探究的空间。

3. 自主学习的激励性原则

在中学语文课堂管理时，通过各种有效手段，最大限度地激发起学生内在的学习积极性和求知热情。激励原则要求教师在课堂上努力创设和谐的教学气氛，创造有利学生思维、有利教学顺利进行的民主氛围，而不应把学生课堂上的紧张与畏惧看作管理能力强的表现。激励原则还要求教师在课堂管理中发扬教学民主，鼓励学生主动发问、质询和讨论，当然，贯彻激励原则并不排除严格要求和必要的批评。

浓厚的兴趣如磁石般吸引学生的注意力、思考和想象力，促使他们去积极思考、主动探索。一个宽松和谐的教育教学氛围的形成，取决于教师的民主意识。培养学生的创造力，尤其需要民主的氛围和相对的空间。教师要努力创设一种教学氛围，允许学生有自由思考的时间，鼓励学生争辩、质疑、标新立异。

4. 自主学习的参与性原则

自主学习活动取得有效成果的前提就是学生的全员参加和全身心地投入学习。学生只有充分投入、积极参与，才能使自主学习成为可能，为此，自主学习的课堂管理要做到三个方面：一是中学语文教师应采取各种方法进行热情动员，关注全体学生，促使不同层次的学生都积极参与课堂教学；二是要做到学生在自学活动中多种感官并用，观、读、思、做几方面有机地结合运用；三是要最大限度地把课堂教学的时间和空间交给学生，使学生真正参与课堂，成为课堂学习的中心和主体。

5. 自主学习的自控性原则

自主学习课堂管理要求学生自己管理自己的学习，不依赖外界来管理自己的学习活动，这是自主学习的又一个基本特征。自主学习课堂管理表现为学生对学习的自我计划、自我调整、自我指导、自我强化。语文教师一方面要强化学生的自我管理意识，让学生意识到自我管理的重要意义，引起学生对自我管理的认同；另一方面要逐步培养学生的调控能力和自我管理能力，这是促进学生自主学习的重要因素。

6. 自主学习的反馈性原则

运用信息反馈原理，对语文课堂管理进行主动而自觉的调节和修正，是反馈性原则的基本要求。在中学语文教学中，教师应当不断分析把握教学目标与课堂管理现状之间存在的偏差，运用自身的教学机制，因势利导，确定课堂管理的各种新举措，作用于全班同学，善于在变化的教学过程中寻求优化的管理对策，而不应拘泥于一成不变的管理方案。此外，应积极关注不同程度学生自主学习的完成情况，准确把握学生学习的反馈信息，并以此确定课堂指导的内容及策略，增强教师课堂指导的指对性及有效性，使学生的自主学习更为有效。

（二）中学语文教学的自主学习管理

中学语文课堂管理是指语文教师在教学活动中通过协调课堂内各种人际关系，吸引学生积极参与课堂活动，使课堂环境达到最优化的状态，从而实现教学目标的过程。课堂管理的根本是创设良好的学习环境和条件，促进学生有效学习。有利于学生自主学习的课堂管理应该以满足学生的自主要求为切入口，以和谐的人际关系为基础，以学生的自我管理和自律为特征，以积极的师生对话为主要手段。为了促进学生的自主学习，教师可以采用如下课堂管理策略。

1. 构建利于学生自主学习的目标任务

（1）创设具有挑战性的目标。教学目标是教师进行教学活动的指南，在多数情况下，教学目标是由国家、学校或教师来确定的，学生只能被动地接受这些目标。在这种情况之下，如果教学目标设置得不够合理，就会对学生的自主学习造成一定的消极影响。因此，中学语文教师设置学习目标时，应注意三个方面：①教师应把提高学生自主学习能力设为最终目标，并在教学中有意识地强化学生自主学习的能力，将其作为教学目标的重要部分；②教师应设置明确、具体、适度的教学目标来引导学生进行自主学习，并促进学生对教学目标的认同；③语文教师还可以以灵活的方式引导学生自主确立学习目标，体现目标确立的主动性、开放性和灵活性，使教学目标真正成为学生学习的要求和期望，起到激励学生去探究、去发现的作用。

（2）设置适当学习任务。学生的学习兴趣源自两种动力——内驱力和中学语文教学与写作研究外驱力。在自主学习中，学习者对学习的需要主要源于已有的知识经验不足以解决面临的现实问题，为了解决面临的问题，学习者的学习积极性将被激发出来，形成学习的内部动机，这是一种积极、持久、力量强大的动机。在这种动机的激发下，学习者的自主学习行为才可以维持下去，也才可以根据自己的情况和外界变化对学习进行监督和调节。学生对知识的兴趣越强，学习的主动性、自觉性也就越强。因此，教师在组织学生自主学习时，应尽可能与学生民主协商学习任务，应给学生以一定的选择空间，以提高学生的学习兴趣，激发学生学习的内部动机。

2. 完善利于学生自主学习的教学设计

有利于学生自主学习的教学，应该凸显学生的自主学习过程，给学生充分的自主学习机会。把学生自己能够掌握的学习内容让学生通过自学、讨论先行解决，然后中学语文教师再针对学生不能掌握的内容进行重点讲解或指导，这样，在学生自学、讨论的过程中，充分发挥学生个体和集体的学习潜能，锻炼学生的自主学习能力，自学、讨论后不能解决的问题也可以为教师的精解提供明确的依据；通过语文教师有针对性的重点讲解或指导，学生能够更好地获得问题的解决策略。

有利于学生自主学习的教学流程主要包括确定学习目标、激发学习动机、自学教材内容、自学检查、集体讨论、教师讲解、练习巩固、学生小结等环节，这些环节构成流程图的主体部分。另外还有教师指导、启发、反馈、评价这一模块，意指在学生确定学习目标、自学教材内容、自学检查、集体讨论、练习巩固等环节，教师主要起辅助、引导作用。

第二节　中学语文教学的情景式学习方法

一、中学语文教学情景式学习方法的重要性

情境教学法是教学过程中，教师提高学生对教材的理解和掌握能力、有目的地营造具体情境的教学方法。中学语文教学实践活动中积极导入情境教学法是中学语文教学实践贯彻落实立德树人、以人为本教学理念的重要表现，不仅可以提高学生的学习效率，还可以提升学生的道德素养。其应用的重要性体现在以下方面。

第一，优化学生价值观，强化学生的审美鉴赏能力。情景教学法为学生学习不同的语文知识内容营造了特定的情境，一定程度上培养了学生从不同角度看待和分析问题的能力，进而引导学生树立正确的价值观，使学生的审美鉴赏能力和综合素养在潜移默化的过程中得到全面提升。

第二，强化学生的思维能力和理解能力。与传统语文教学的教学模式不同，情景教学法在中学语文教学实践中的科学应用，以情境营造的形式对学生分析语文内容发挥引导性作用，同时以学生在特定情境中的思维活动为基础推动学生深入思考语文知识点，与此同时，主动探究学习过程中遇到的诸多问题的解决方法。对于学生而言，这种方式既能活跃学生思维，又能提高学生的思考能力、分析能力和解决问题的能力，从而使学生具备了一定的语文学习阅读能力和理解能力。

第三，陶冶学生情操，提升学生的思想境界。情境教学法的本质是对沉浸式教学环境的重构，通过这种环境重构使学生接受传统教学环境中所感受不到的文学感染和情操陶冶，其内在的先进文化可以使学生的心灵得到净化，使学生的思想境界在不断学习探索中得到提升，情感境界得到升华。

第四，锻炼学生的创造性思维，提高学生适应社会生活的能力。学校教育的最终目的是让学生具备适应社会生活的能力，而情境教学方法融入中学语文教学实践活动，可以为学生营造一种假设的社会环境，从而使学生积极发挥创造性思维，有效锻炼学生适应社会的能力。

二、中学语文教学情景式学习方法的管理

第一，创设生活化场景。生活化场景是学生所熟悉的生活常态，在中学语文教学实践活动中创造生活化的场景，可以给学生一种心理暗示，即语文课堂不再是教室，而是社会或大自然，学生需要悉心观察生活细节和生活现象，而在教师生活化语言描述以及生活元素等的辅助下，学生对生动形象生活情境的感知也会随之更立体、更具象，其直接性影响就是拓宽了学生眼界。

第二，音乐渲染情境，激活审美体验。提高学生的审美鉴赏能力是学校教学的核心素养要求之一，对于中学语言教学实践活动而言，学生的审美鉴赏能力主要体现在学生分析和理解文本内容的能力，以及以文本理解为基础发现美、感受美、创造美的能力等，其重点在于以有效的教学指导为媒介强化学生的文化理解能力和语言表达能力。因此，情境创设教学方法应用到中学语文教学，要求教师要认真思考，针对不同的教学内容导入不同的音乐渲染情境，使音乐旋律、音乐节奏与文本内容实现完美的融合，进而在学生脑海中塑造更立体和鲜活的形象，只有这样，才能加深学生对故事情节、人物性格特征、情感走向等的理解，才能给予学生良好的审美体验，高效地培养学生的审美能力。

第三节　中学语文教学的探究性学习方法

探究性学习，是指在语文学习中，"学生在教师的指导下，通过自主探究式的学习研究活动，在摄取自己已有知识或经验的基础上，经过同化、组合或探究，获得新的知识能力和态度的学习活动。探究性学习是提高学生语文素质的主要方式"①。

一、中学语文教学探究性学习方法的原则

（一）探究性学习的主体性原则

探究性学习的主体性原则是指教育的根本目的在于培养、发展和弘扬学生的主体性，而教育的过程从本质上来讲，也就是在特定的教育手段和教育方法辅助下，实现人类优秀学科专业知识和经验向受教育者个人思想道德、才能智慧的转换，社会精神财富向学生主体性素质的内化过程。因此，无论从目的来看，还是从过程来看，主体性教育理论都十分注重发挥人的主体性。而从实践操作层面而言，学生作为任何学科教学活动的主体，其积极参与和自主活动的程度都与教育活动的开展直接相关，而对教育者而言，其教育任务也不仅仅停留在知识的讲解与传授上，进一步来讲，应该是对学生能动性、自主性和创造性的充分调动，以及对学生探究态度和探究能力的培养与发展。

探究活动是一个综合性的活动过程，具有多侧面、多途径、多方法的基本属性，活动的完成需要经历观察思考、提出问题、探究方案设计、检验假设、提出答案和解释、预测，以及与同学就探究结果进行交流和讨论，而这个过程必须在学生的主动参与下才可以高效、优质地完成。与此同时，通过探究活动，学生也完成了对认识冲突的解决任务，这都离不开学生的坚持观察、思考和实验探究等。所以，探究学习更凸显学生学习的自主性，即自主选择学习内容、学习方法，自主制订和实施学习计划，以及对学习结果的自主评价，而这种基于信任的自主探究必定可以推动学生探究能力的提升。对探究学习进行课堂管理，对教师也提出了更深层次的要求，即中学语文教师为学生搭建自主探索、自主创造的平台，激发学生的积极性来应对问题情境或探究，使学生能充分发挥主体性。

（二）探究性学习的情境性原则

为激发学生的探究兴趣，中学语文教师应注意了解学生关注和感兴趣的问题，然后将那些真正来自学生和属于学生、联系学生生活和社会实际的问题纳入课堂。在课堂管理过

---

① 常福胜：《中学语文探究性学习研究》，载《文学教育》（下）2013 年第 11 期，第 38 页。

程中，教师应通过创设问题情境、真实的生活情境、实验探究情境等多种情境，激起学生思考的冲动，加强学生对知识的重组和改造，保证学生对知识的意义建构，提高学生发现和解决问题的能力。这样就将学生带入了一个问题情境，激起了学生的探究热情。

（三）探究性学习的差异性原则

差异性原则要求教师对不同学生的个体差异化要有清晰的认识，要能够在教学过程中尊重学生的独立人格，促进学生个性发展，要针对不同学生的差异化学习需求提供差异化的教学服务，以培养学生的学习兴趣，激发学生的学习积极性和能动性，引导学生建立科学的学习态度。

在学生的差异化影响下，学生对学习探究活动也会有不同的体验，进而形成带有主观色彩的评价和结论。基于此，教师要在中学语文课堂管理过程中，以学生学习兴趣保护和因材施教教学方式的引导，使学生的个人特长得以在不同的活动中得到发挥。因此，探究学习中最重要的一个原则就是要从实际出发，承认和尊重差异性，为学生创造性的发展提供自由的环境和条件。

二、中学语文教学探究性学习方法的管理

（一）中学语文教学探究学习的教学设计

成功的课堂教学与成功的课堂设计是密不可分的。探究学习的课堂设计应从以下方面着手。

（1）制定探究目标。探究目标是探究活动主体在探究活动预期要实现的最终效果，是进行中学语文教学设计的出发点和落脚点，因此具有预先性和目的性的双重属性，而在探究活动中，确保探究目标的合理性和适当性是探究方案设计的重中之重。通常而言，探究活动对学生的知识技能、思维情感、行动方式所产生的影响，并最终呈现出来的变化就是探究目标的实现情况。

（2）创设问题情境。中学语文探究学习实质上是问题解决的学习，问题是整个学习过程的核心和关键。因此，创设与探究主题有关的问题情境，在教学内容和学生求知心理之间设障立疑，引起学生对知识、对科学、对人生的兴趣，激发学生的探求欲望是探究学习首要和关键的一个环节。在探究学习中可通过四个途径创设问题情境：①通过学科之间的横向联系创设问题情境；②通过日常概念和科学概念的矛盾冲突引发问题情境；③利用多媒体创设问题情境；④通过精心策划的课堂讨论创设问题情境。

（3）设计探究方案。探究方案作为指导探究学习的指南，是决定探究学习成败的关

键。因此，教学方案的设计既要遵循科学探究的基本过程，又要根据实际情况的需要。具体而言，可利用实验、科学史，结合生活实际、调查访问、查阅文献资料等形式来设计探究方案。

（二）中学语文教学探究学习的内容选择

探究学习的课堂内容即探究内容是探究学习目标的载体，是选择学习材料、安排教学环境和教学条件的依据。虽然探究学习具有接受学习所没有的优点，但是并非所有的内容都适合于探究。因此，中学语文教学探究内容的选择就显得尤为重要。选择探究内容应以探究目标、学生学习的准备情况和学习特征为依据，不仅要注意科学性，还要注意个性化和社会化，即要与个人和社会的生活紧密结合。因此，探究内容除了中学语文教科书上现有的探究内容外，还应选择一些社会生活问题以及学生自身发现的问题，例如社会生活问题、学生自身发现的问题等。

（三）中学语文教学探究学习的过程管理

第一，课堂纪律的保持。一个班级有几十名学生，既要学生自主探究，又要保持课堂良好的秩序，管理任务自然是繁重的。如果教师一人承担管理任务，教师的大部分精力就会耗费在一些纪律问题方面，就不会有充足的时间去帮助学生探究问题，也就无法保证语文教学任务按时完成。把教师从繁重的管理任务中解脱出来的一个有效途径就是适当下放管理权，动员全班学生都参与纪律管理，师生共同制定一些管理条例，明确每一个学生的义务与职责，同学间互相管理，人人自我管理。

第二，教学组织形式的安排。探究学习常常是合作式的活动，学生之间大多数以小组为单位进行探究学习活动。但在分组情况下，也会出现积极参加者、消极被动甚至偷懒者。为使每位学生都有充分参与的机会，应控制小组的规模，小组的规模取决于学生的年龄、探究的条件及性质，在教学阶段一般以 3~4 人为宜。另外，有些情况是可采用全班和个人单独活动形式的，如当学习对象或任务比较简单，个人经过努力后能独立完成的，就应该采用个人单独进行；在活动最后总结经验时，就要采用全班讨论的形式。因此，教师要根据学习任务的性质以及学习进程设计教学组织形式。

第三，探究时间的安排。教师在设计探究学习时，要对具体的探究过程做到心中有数，做到能够比较精确地预估每一步骤所需的时间，把握好整体时间的分配，使整个探究活动的节奏加快，转换自然，避免无谓的时间遗失。

第四节　中学语文的学生思维能力培养方法

中学语文课程内容增多、难度有所提升，学生需要花费更多的精力。中学是学生学习的重要时期，是在为今后的学习奠定基础，深刻地影响着学生的思想观念和未来发展方向上的选择等重要问题，由此可见语文教师的重要性。中学语文教师要秉持着对学生负责的态度，充分发挥自身的引导作用，激发学生的学习兴趣和热情，给学生一个充实快乐的语文学习旅程，让学生们得到思维能力的锻炼和创新意识的提升，促进学生综合素质的全面发展。中学语文的学生思维能力培养方法需要注意以下方面。

第一，进行情景式教学。教师根据教学的内容，联系生活实际，在教学过程中为学生们创设一个合适的学习语境，学生们通过深入教学语境体验学习，能够更加快速清晰地了解到教学内容，更加迅速地跟上教师的教学节奏，顺利地完成教师布置的课堂作业。

第二，创建提问式课堂。提问是激发学生学习积极性的重要方法，教师在课堂上的提问是为课堂教学顺利进行所服务的。所以，提问的内容要以教学主体为中心点，使得学生能够在解答问题之后更进一步地了解到所学文章的内容。

第三，利用多媒体技术。多媒体技术的应用能够有效促进语文教学的顺利进行，教师可以利用多媒体技术向学生们展示出要学习的内容，例如，中学语文教师可以利用多媒体，给学生们播放与所学课文相关的视频或者照片，让学生们通过这样的感觉，加深记忆。多媒体技术的应用能够帮助师生在课堂上进行良性互动，让学生们在有限的课堂时空中，接触到更广泛、更有深度的知识，可以让学生们以小见大，在学习知识的同时，锻炼学习思维能力。

第四，进行课外式延伸。语文学习能力的提升和日常的学习积累是分不开的。无论是写作还是答题，课外的知识拓展都有很大的作用。教师在日常的教学实践中，也要督促学生进行课外阅读拓展，同时与生活实践相结合，努力实现学生思维能力的提升。让语文教学和生活相结合，能够更加全面地锻炼学生的思维能力。

综上所述，在教育深化改革的当下，中学语文教师在教学的过程中需要对学生思维能力的培养高度重视。教师需要对传统的教学方式进行反思，不断提高自身能力，提高个人的教学水平和能力，然后结合教学实际情况，不断地进行创新改革，尊重学生的课堂主体地位，充分利用多媒体等教学技术，创设情景教学形式，合理地进行课堂提问，启发学生的思维。综合运用一系列行之有效的教学方法，帮助学生稳步学习语文知识，得到语文成绩和综合能力的提升。

第四章
中学语文核心素养教学思维探究

第一节　中学语文核心素养教学的内核

一、语文核心素养体系的构建

语文核心素养指的是能够反映语文这一学科本质内容及学科价值的素养，语文核心素养是只出现在语文学科中的素养。语文学科作为独立学科，有自身的独特性，语文教育要把能体现语文独特性的语文核心素养当作教育目标，否则，语文教育就可能偏离正确方向，也不能发挥自身在育人方面的独特作用。语文核心素养一定能够反映出语文学科的独有性质。

语文教育学界一直在致力于研究语文的学科性质，语文学科性质方面的研究会直接影响语文学科的现实发展及语文学科的学科地位，如果能够精准地对语文学科性质进行分析定位，那么语文教学目标的设置就会更准确，语文学科质量也会有所提升，能够为语文学科找到正确的发展道路。语文学科性质主要包括：工具性、人文性、工具性和人文性的统一、言语性与语言性。

第一，工具性。工具性不是语文学科独有的性质。首先，工具性的实质是应需，是被动、被迫地用来应付生活所需，显然不是语文学科的真谛。其次，工具性不是语文学科独有的属性，我们享有的物质文明和精神文明都是人类探索、发现、研究世界的硕果，这种硕果是人类文明发展的表现，也是人类文明不断进步和快速飞跃的客观依据，都具有工具性。工具性不能成为任何文化范畴或类别的特有的属性，尽管在"工具性"之前再冠以"最重要"和"交际"做出外延限制，这种说法依然不能成立。最后，这种说法是越过语文学科的"语言"核心而过渡到哲学的层面去定义的，它忽略了"语言"这一本质立足点，而用从这个核心发散出去的一种广泛而哲理的属性来定义，必然是反裘负薪的纰缪。

第二，人文性。人文性不是语文学科独有的性质。首先，人文性的实质是以人为本，拆开来看是"人"与"文化"，人的文化，文化中的人，范围之广，难以界定，显然不能反映语文学科的本质。其次，人文性不是语文学科独有的属性。人类的一切文化成果都带有人文性，无论是纸媒的、口传的、实体的，还是地域化的、民族化的文化行为和文化现象，都是人类的文化积淀，都具有人文性。最后，虽说"文以载道""文以明道"或者是"文道合一"，但都不能代表"文就是道"。如果语文成了精神，语文代表思想，语文意味文化，那语文的语言知识、四种技能就颠倒为它的外壳。语文学科是有着道德品质、人文思想等方面的教育功能，但那是语言教育本身所蕴含的，它不是语文学科所独有的。

第三，言语性和语言性。在分析一门学科的时候，应该对课程性质做出科学认知，这样才能保证学科发展、学科的实践有明确的发展方向，上述所提到的有关语文课程性质方面的分析讨论只是简单地对课程性质进行描述、归纳，并没有涉及核心理论层次的探讨，相对来看，语言性及言语性才是真正能够体现语文这门学科本质的特性。

（一）语文核心素养的教学观

1. 基于立德树人的教学观

（1）立德树人教学观的出发点。在中学语文教学过程中，虽然知识的掌握程度、学习能力的培养情况、成绩的高低是教学的主要内容之一，但是这并非教育的最核心目标，即要实现学生的全面发展，一方面，能够获得良好的学习效果；另一方面，还在于学生形成了健全的人格、高尚的道德情操、先进的价值观念。当前，由于我国的学生群体基数较大，现代化教育还处于不断发展的过程之中，考试成绩是目前相对公平的人才选拔标准，但这并不意味着教师将高分作为日常教学过程中衡量学生的唯一标准，教师要尽可能在提升学生学习效果的同时，发现每一个学生个人的个性特征、兴趣和发展潜力，尊重学生的选择，为学生提供个性化发展的培养方案。

语文教师在教学中，有责任引导和启发学生做好自己的人生选择，让学生无论是在现在还是在将来，都过得有尊严、有意义、有幸福感。语文教学的出发点在于三个方面。①教育应该让学生有价值感。教育是培养人的活动，在这种活动中，知识、技能的传授固然重要，但教育最本质的内在性是养成学生强烈的价值感，让他们变成有意义、有价值的人。当教育不能使学生产生价值感时，这样的教育就违背其初衷。②教育最核心的价值是要让学生对未来充满希望。当学生早上醒来时，他期盼来到学校；当学生走在上学路上时，他期盼坐在教室里；当学生遇到困难时，学习会帮助他渡过难关；当学生产生疑问时，学习会帮助他解决问题。③教育应该让学生变成快乐的人。它包括两层含义：首先，要让学生具有寻找快乐的能力，让他们有追求幸福生活的信心，产生深层的生活激情，让他们真正成为富有生活情趣的快乐人；其次，应该带给学生快乐，这种快乐可以体现在评价的结果中，也可以体现在学习的过程中。既没有结果又没有过程的快乐是失败的教育。

（2）立德树人教学观的关注点。由于教师面对的是鲜活的学生个体，因此学生的学习状态是动态变化的，对此语文教师不能够依赖自身的教学经验总结出的刻板印象进行教学规划，而是需要高度关注学生的方方面面，综合评判学生的学习状态。教师可以从以下三个方面进行评价。

第一，学生的情绪。学生由于心智还尚未发展成熟，因此在情绪管理方面存在不足，所以学生的学习状态会受到情绪的影响。当学生处于消极情绪中时，会立刻降低该时段的学习积极性，甚至还会产生抗拒心理，对此教师需要及时注意到，并进行正确引导。

第二，学生的课堂参与程度，具体可表现为能否对教师的提问进行积极回应、是否愿意主动提出新问题、是否愿意参与课堂展示等活动，学生的课堂参与度越高，意味着学生此时的学习状态十分认真，且处于积极的学习情绪中。

第三，学生与教师之间的交往状态。语文教学在一定程度上也是一个沟通过程，越高效顺畅的沟通越有利于教学质量的提升，当学生表现出主动进行沟通、提问、倾诉等行为时，则可认为此时学生的学习状态处于良好水平。

2. 基于学生学习的教学观

（1）基于学生先学后教的教学观

第一，先学后教教学观的特性，具体见表4-1。

表4-1　先学后教教学观的特性

特性	具体内容
"先学"的特性	（1）超前性。先学即学生的学习在前，语文教师的教学在后，超前性使教与学的关系发生根本性的变化，即变"学跟着教走"为"教为学服务"。 （2）独立性。先学强调的是学生要摆脱对语文教师的依赖，独立开展阅读、思考乃至作业活动，自行解决能够解决的问题。教师教学是对学生独立学习的深化、拓展和提升。 （3）差异性。从时间上讲，先学要求每个学生按自己的进度和方式进行超前学习；从效果上讲，每个学生由于基础和能力不一样，同样的内容，先学的质量和理解的深浅也不一样，这种差异是课堂开展合作学习的宝贵资源

续表4-1

特性	具体内容
"后教"的特性	（1）明确的针对性。后教的针对性体现出和以往的语文课堂教学存在明显差异的基本特征，所谓针对性就是要针对学生在先学中发现的问题开展教学，这是"有效教学"的重中之重，也是实现教学从教向学转变的有效途径，只有这样才能达到教师少教、学生多学的效果，从而最终达到"教是为了不教"的目标。 （2）强烈的参与性。先学是学生参与的基础，在先学过程中，学生能够发现自身的困难、想法、问题、建议、启示等，并将这些带入课堂，从而使课堂成为学生探索新知、展示成果，并进行评论和互动的场所。在课堂上，学生对教和学都参与其中，使师生形成互教互学的结合体，这样的机制是推动课堂形成内在动力和充满活力的根本所在。 （3）向上的发展性。学生在先学后教的语文课堂上都能使自身得到发展。"先学"和"后教"分别针对的是现有的和最近的发展区问题，并进行有效解决。教学与发展对两种发展水平思想的提出具有创造性意义：一是由已经完成的发展秩序形成的结果，称为现有发展水平；二是学生还不能独立完成，需要成人帮助，需要通过集体活动模仿解决的任务，称为最近发展水平。相对于依靠成熟机能进行发展，教学更应该依靠的是那些正在成熟中的机能

第二，先学后教的教学观环节，具体见表4-2。

表4-2　先学后教的教学观环节

主要环节	具体内容
先学环节	学生先学教材是所有语文教学环节中最必不可少和最具实质意义的环节。学生通过对教材的先学，可以使讲解、讨论和提问更具针对性和实质性意义。因此，在课堂内要保证给予学生充分的时间进行独立的先学，完成必要的练习。这种先学既要在老师的"教"之下进行，也要学生按照"导读提纲"独立自主地完成
后教环节	学生通过先学可以发现学习中存在的问题和困惑，并通过同桌、小组和全班等形式进行相互交流和讨论。教师要做的是确保学生在交流和讨论中学有所得，发现并重视交流讨论中产生的不同点和创新点，教师就要通过这一过程进行针对性和提高性教学
练习环节	学和习是语文课堂学习的两大组成部分。语文课堂练习既能帮助学生加深对新知识的理解，也能将理解后的知识进行运用，在对新知识的理解和运用过程中就很容易发现学生对知识理解和运用上的缺陷和不足。因此，良好的课堂教学同样离不开有效的练习和反馈，这也是提高课堂教学质量的有效途径。这也就需要将那些重要的基础性作业在课堂上完成，从而起到教师对作业及时改正和反馈的作用

（2）基于学生完整学习的教学观

第一，不同视角下的完整学习，具体有以下几点。

首先，活动的视角。从活动的角度看，语文学习是一个"活动的、合作的、反思的"完整学习过程，是学习者与自身、他人、客观世界的对话。因此，学习就是一个构建自身、构建伙伴和构建世界的实践过程。可以说学习是一种学生与自然世界、社会世界和自我世界进行完整实践的活动，其包含了上述三重关系。

从学生和学习内容的视角着眼，语文学习具有文化性和认知性的特征。学习活动就是个体与学习内容之间不断进行转化的实践过程：①知识作为客体通过转化逐渐向人靠拢，从而形成个人化的知识；②人作为主体通过思考、辨别、体验、认知等方式对知识加以改造，理解知识的意义和价值，进而完善并构筑包含自身的需求、认知、能力结构、思维方式等内在的心智结构，最终增强、确证人的内在实质力量。

从学生与他人关系的视角着眼，语文学习的实践具有社会性和交往性的特征。学生通过沟通交流在学习活动中形成和建立师生关系、生生关系、朋友关系，这些关系具有学习和伙伴双重关系的特质。

从学生与自我关系的视角着眼，学习的实践又具有存在性、伦理性的特征。通过学习实践，学生以自己为对象进行特殊实践和自我构建。在这一过程中，学生是学习实践活动的主体也是客体，以主客体互相影响的方式达到自我改造、自我完善、自我发展的目标；思考与审视自我现有的心智结构，不断推动现有的心智结构向自身需要的方向进行发展变化，最终达到预期目标的对象化和现实化。由此可见，通过学习的实践活动可以使学生达到改变外部和自身内部世界的双重目标，并能在这一实践活动中实现客观和主观世界自在性的取长补短，最终达到既超越客观世界又超越自身的目标。

其次，学习结果的视角。从学习结果的视角而言，完整的学习包括主学习、副学习和附学习。学生在同一时间内所能学到的内容主要包括三项。①主学习。主学习是教学所要直接达到的目的。一般而言，主学习的内容是某种知识，是某种技能，或某种思想，要根据教学内容的性质和目的而定。②副学习。副学习是指与功课有关的思想和观念，即学生由主学习引起的连带学习。可以认为这种学习多半是从偶然的机会中获得的。③附学习。附学习又称辅助学习，是指教学时所养成的态度、理想。附学习是最为重要的，因为教育的目的在于改变学生的行为，培养学生的气质，而这种目的的达到，全靠教师不放弃对附学习的指导。人格教育、道德教育、情感教育，几乎都要在附学习中实施。任何教学活动，忽视附学习的存在，学生的学习结果就没有多大价值可言。

第二，指向核心素养的完整学习。从认知加工的角度来看，完整的认知过程包括信息输入、信息加工、信息输出三个环节。概括而言，完整的学习过程也可划分为阅读、思考、表达三个环节。其中，阅读即信息输入，广义的阅读包括读书、读图、读"物"；思考即信息加工，广义的思考包括思维、想象、直觉等；表达即信息输出，广义的表达包括口头表达、书面表达，涉及知识的呈现、迁移、应用等。不同学科，阅读、思考、表达的内容和特点有所不同，但所有学科的学习过程都要经历阅读、思考、表达这三个基本环节或程序。唯有如此，学科学习才能形成学科核心素养。

首先，阅读、思考、表达的实质。学习共同体的主体之一应是学校，要在教室中完成反思性、合作性和活动性的学习实践。也就是要与教材、与物对话，与教师、与学生对话，与自身对话，并让这种对话成为教学的重点。①语文阅读是与文字的沟通，是学生在大脑中对文字进行重新构建的过程。这种重新构建要求，学生在阅读过程中要"读进去"，读出阅读的趣味和意义，要走入文字的大门，真正理解和领悟出作者在文字中想要表达的内容。②思考是与自身的沟通，自己要参与其中，实现自我的有效认识。学生需要以读者和作者的双重身份与文字进行沟通，并在沟通过程中实现自我对话。③表达是与他人的沟通。表达需要倾听，需要同伴，缺少倾听的表达就变成了"自说自话"；表达需要分享，只有自己与他人在倾听和表达过程中互相分享意见、阅历、体会、智慧等，才能改正或充实彼此的观点和意见。

完整的语文学习具有系统性、结构性和逻辑性特征，它由三种方式组成，分别是接受式学习的阅读、探究式学习的思考和讨论式学习的表达。

其次，阅读、思考、表达的"环节说"。语文教学中存在阅读、思考、表达三个基本的环节，我们可以称之为阅读、思考、表达"三环节说"，这三个环节相辅相成、层层递进，有着密切的联系，通过阅读可以进行深入的思考，有了深入的思考后才能进行有效的表达（表4-3）。

表4-3　阅读、思考、表达的"环节说"

主要环节	具体内容
阅读环节	在传统以听为主的语文课堂上，阅读被听课所取代，学生在课堂上只能被动地接受教师已经消化好的知识，学生不能与原生知识、真实情况发生直接、具体的接触，长此以往，学生吸收新知识、检视新现象的能力就会逐渐消失。教学活动变为了机械地接受与记忆的过程。因此，引导学生进行独立自主、全面系统的阅读就成为课堂教学中极具根本性意义和基础性价值的重要环节

续表4-3

主要环节	具体内容
思考环节	知其然更要知其所以然是学生进行阅读的关键，这就要求学生在阅读中能够进行思考，既要发现疑难问题，也要对疑难问题进行质疑，既要明白问题的答案，也要对问题有自己的思考和观点。在传统课堂教学中，学生几乎在课堂上没有思考的过程，多数情况下，学生没有提出和发现问题的机会，即使遇到了真正的问题，多数教师也会使学生接受老师对问题的看法和解释，这样就造成了很多不良后果，如学生没有独立思考的机会，影响学生的创新思维等，最后教学就只剩下了所谓的知识。所以，引导学生进行独立思考并提出有深度、有意义的问题就成为课堂教学中决定教学质量的关键环节。
表达环节	有了阅读和思考的环节，学生通过与同学之间的沟通、交流、分享等表达自身的观点和意见，并在此过程中不断改善、充实、变更自身的观点和意见，最终实现认知水平和知识能力的不断提升。传统课堂教学缺乏表达环节，整个课堂教学都以教师为主，学生只起到了配合教学的作用，而忽视了学生是否真正掌握、形成的自身观点和意见，整个教学只是为了完成教师的教学任务，这种不以学生为主的教学课堂无法提升学生的发展能力，更不能够提升学生主动参与课堂教学的积极性。因此，引导学生进行积极表达就成为课堂教学的题中之义和必不可少的构成要素。

阅读—思考—表达，这三个环节构成了以素养为导向的课堂教学的基本结构或基本范式，又称"通用式"。但是，针对不同学科、不同教师、不同课型和内容、不同教学阶段和任务，这一基本范式会产生许多具体的变式，如"简约式""灵活式"。简约式一般以阅读、思考、表达的一两个要素为重点组织教学，而灵活式则以阅读、思考、表达三个要素的随机组合展开教学，凸显教学的随机性、灵活性和创新性。

（二）语文核心素养的构建思路

语文核心素养是一个系统，如何构建语文核心素养，是语文核心素养研究的基础性任务。以下阐述语文核心素养的构建思路，让语文核心素养的结构系统有理可循、有据可依。

1. 语文核心素养的构建依据

（1）现代社会发展对语文核心素养的需求。在时代发展过程中，语文核心素养的建构需要符合当下社会发展需要。现代社会中的学科教学需要借助人才培养作为途径联系社会发展、满足社会对人才的需求。也就是说，学科教学需要培养社会需要的人才，需要让人才掌握社会需要的、社会要求的核心素养，体现出语文学科在育人方面的价值。

语文学科属于母语教育，在培养学生的语文核心素养时要注重培养其文字沟通能力，它强调应该让学生掌握生活、学习、工作中所需要的听说读写能力。所以，语文学科要着重培养学生的听力能力、阅读能力、词汇能力、写作能力。

（2）现有语文核心素养的研究成果。随着核心素养研究热潮的掀起，不少学者对语文核心素养的框架提出了各自的看法。如语文核心素养的二维框架：语言能力和人文修养。其中人文修养包含三个维度：一是情感、态度、价值观；二是审美情趣；三是文化底蕴。语文核心素养的三维框架：第一种认为是语感、语文学习方法和语文学习习惯；第二种是思维力、阅读力和表现力；第三种是学习素养、交往素养、人格素养；第四种是从核心知识、核心能力、核心态度三个维度来概括语文核心素养的。语文核心素养的四维框架：一是必要的语文知识；二是较强的识字写字、阅读与表达（包括口语与书面语）能力；三是语文学习的正确方法和良好习惯；四是独立思考能力与丰富的想象力。

在所有的框架中，语文核心素养都占据着至关重要的位置，如语感、沟通、交流能力、阅读能力、表达能力、写字能力等。除此之外，语文素养还会对审美、学习方法、学习习惯、思维方式、文化等要素产生影响，所有的要素基本都会涉及语文学习方法及语文学习习惯，所以，方法和习惯会对语文核心素养的形成产生重要影响。

2. 语文核心素养的构建途径

语文核心素养的构建途径有多种，下面重点探讨两种。

（1）基于语文教育学理论从语文核心素养三个维度的表现上，选取居于核心地位的要素，从而构建体系——根据关于知识、技能、态度三个维度的要素，对这些构成要素加以研究、细分、归类，总结出语文核心知识、语文核心技能、语文核心态度，进而归结出可以培养成哪些必备品格和关键能力。

（2）基于语文学科本身和重要的教育文件，从语文教学任务中选取应当重点培养的主题内容，进而构建语文核心素养体系。如果将"语言"作为重要的主题内容，那么它在语文核心素养中对应的就是"语言建构与运用"。这种建构方式突破了知识、技能、态度的系统划分，探究的结果为语文教学中核心的主题要素。

（三）语文核心素养的构成要素与特征

1. 语文核心素养的构成要素

在清楚语文核心素养的内涵价值之后，应该按照之前提到的语文核心素养的培养思路对基础教育阶段人才培养所需要的语文核心素养进行分析，按照语文课程的基本理论及其他的重要教育指导文件去分析学生应该形成哪些方面的语文核心素养，这里对语文核心素养形成的分析是从整体角度进行的，并没有从学段划分的角度去分析。

（1）语文核心素养构成要素的甄别。语文学科的根本是语言，语文教育是以语言发展为基础的教育，其他任何价值都是从语言这片土壤上培植出来的，语言是核心、是焦点。现在把这一焦点放大，甄别与语言相关的要素，准确把握语文教育中学生应该具备的素养。

第一，"思维"不是语文核心素养的构成要素。语言与思维存在密切的关系，语言是思维的载体，是其物质外壳，人类的抽象思维都是在语言的基础上进行的。语文教学主要是语言教学，在这一过程中，不可能不培养学生的思维能力。

在学生由对母语的感性认识上升到理性认识这一过程中，随着听、说、读、写水平的提高，思维品质也在不断地提升。在语法规则训练中，学生的抽象思维得以发展；在辨析语言运用中的矛盾现象时，学生的辩证思维得以发展；在文学作品的品读中，学生的联想和想象得以发展。在语文学习过程中，学生的分析、比较、归纳能力都有所发展，思维的灵敏性、深刻性等品质也有所提升。

第二，"审美"与"文化"应归为语文核心素养。在学习语文知识的时候，学生可以利用文学作品品读的方式去了解语言的艺术魅力，感受语言具有的情感及形象美。在基础教育阶段，语文教育应该要求学生掌握文学作品欣赏能力，体会文学作品传递的丰富情感，让学生真正感受中华汉字的独特魅力，让学生形成对中华文字的喜爱。在对文学作品进行欣赏和评价的过程中，学生也会获得独属于自己的情感经验、审美体验，这有助于学生语言运用能力的形成。

语言和文化之间的联系非常紧密，我们可以利用语言去了解过去人类文化的发展，也可以利用文化去分析人类语言发展的特性。一般情况下，可以借助语言文字去理解一个民族发展过程中形成的传统文化，因此，语文教育也需要把文化的传承、弘扬当成自身的教育任务。但是，文化包含的要素过多，语文教育需要明确具体的文化内容及文化素养要达到的水平，否则，语文就可能会变成"泛语文"。

（2）语文核心素养构成要素的表述。语文核心素养构成要素的表述主要从以下方面着手。

第一，语言运用。语文核心素养关照的主体是学生，所以应该揭示学生学习语言的规律。学生语言能力的培养不是一蹴而就的，而是经过一个渐进的过程。最初是通过积累而形成了语感，即在丰富的语言材料和言语活动经验的基础上，学生凭借直觉感悟和归纳在应用中形成了良好的语感。所谓语感是指"包括语音感、语义感、语法感，在心理上表现为一种感受、直觉、心智技能、审美能力，在本质上为一种能力"。在此基础之上，通过理性分析和演绎形成规律性认知也就是语言运用的规律，我们称之为语理，包括语法、逻辑、修辞等内容。掌握语理不是目的，而是帮助学生建构自己的语言系统的必要条件。最后可以在特定的语境中凭借语感和语理进行交流，这种交流可以通过口头语言的形式，也可以通过书面语言的形式来实现。最后将自己获得的言语活动经验和策略，在实践中灵活的运用，具备语言运用能力，解决现实中存在的问题。

第二，文学审美。学生可以用阅读的方式或文学作品欣赏的方式去感受语文的艺术魅力，在这个过程中，学生可以利用自己的想象从阅读欣赏中获得强烈的情感体验，学生也会尝试借助语言去展现美，这时学生的审美情趣、意识及能力都会得到有效培养。

第三，文化理解。语言文字中包含了人类文化，与此同时，语言文字也是人类文化中的重要构成部分，学习语言文字必然会受到文字中文化的渲染，学生可以利用语文学习了解语文文字，了解文字背后蕴含着的精深的中华文化。除此之外，也能够积累与中华文化有关的基本常识，学生在学习语文知识的过程中会不自觉地受到中华文化的陶冶，会自觉地继承文化，提升自身的修养水平，也会形成强烈的文化自信。除此之外，学生也会受到文化的吸引，自觉参与文化传播活动、文化交流活动，养成文化自觉。除此之外，学生也需要注意的语文作品的学习可能会涉及其他地区的文学作品鉴赏，学生应该对其他地区的优秀文化有一定的了解，尊重其他地区的文化，吸收和借鉴其他文化的优秀部分。

2. 语文核心素养的具体特征

（1）语文核心素养是学生的共同素养。语文核心素养是所有学生都应该掌握的基本素养，是适用于所有学生的共同素养，学生在接受语文知识教育之后，就要形成语文核心素养。

学生在学习语文知识、接受语文教育之后，会掌握一定的语文材料，也会有一定语言方面的实践经验，学生会对语言本身的特点以及语言规律有所了解，这时学生就会形成独特的个性的语言，并且学生可以在交流当中运用语言。除了语言运用方面有所提升之外，学生的文学审美也会有所提高，学生会掌握语言鉴赏的方式、文学作品的赏析方式，能够发现语言和作品当中的文化美、艺术美、语言美。在文化理解层面，学生借助于知识的积累会了解语言背后所蕴含的文化，也会形成文化理解能力，掌握优秀的中华文化品质。上面所提到的语言运用、文学审美及文化理解三个方面的素养都是学生接受基础教育之后应该掌握的共同素养。

（2）语文核心素养可以进行阶段划分。语文核心素养的连续性可以从两个方面看出：首先，语文核心素养在个人层面具有连续性，随着学生的成长、发展，语文核心素养也会慢慢地优化、完善；其次，语文学科层面存在连续性，学生的语文核心素养是后天学习所获得的，在学习语文的过程中，学生会慢慢地累积语文核心素养，从最开始的单词造句到后期的作文写作，学生的能力是逐步提升的，学生所形成的品格和语文能力也会慢慢地提升，趋于稳定。

因为语文核心素养具有连续性，所以它的培养一定是分阶段的，分析人的身心发展可以发现，不同的发展阶段，人在身心方面的特点是存在差异的。所以，不同的阶段要掌握的语文学习内容也应该有所差异、有所侧重。一般而言，中学阶段，要求学生有更强的语言运用能力、更高水平的文学审美素养，要求学生积累一些语言文化，要对中华独特的文化形成个人见解。

需要注意的是，在某一个阶段，语文核心素养培养的结束并不代表学生整体语文核心素养的结束，相反，它代表下一阶段语文核心素养培养的开始，语文核心素养的培养要找准培养关键期，找准培养的重点。

（四）语文核心素养的结构关系与现实导向

1. 语文核心素养的结构关系

语文核心素养作为一个系统，其构成要素之间不是孤立存在的，而是存在着一定的关系。下面主要探讨语文核心素养各个构成要素之间相互影响、相互制约的关系。

（1）语文核心素养的"一体"结构。"一体"指的是语言运用，对于语文核心素养来讲，语言运用是其主体，也是其结构系统的存在基础。学生想要进行文化理解需要建立稳固的语言运用基础，然后在语言运用过程中，学生就会进行文化理解。

文化审美需要对言语作品进行鉴赏，也就是说，对文学作品的鉴赏、对语言艺术的评价、学生个人审美经验的获得都需要依赖于语言，只有掌握一定的语言运用能力，才能推动文学审美的形成，才可能有更高的文学审美水平。

文化理解需要以语言作为基本载体，学生需要在品读语言文字的过程中去感受文化魅力，学生需要不断地学习语言文字，然后去积累文化素养，学生对文化的理解、对文化的认同也是借助语言文字作为载体而实现的，在语言运用的过程中，学生会更快地完成文化理解。

（2）语文核心素养的"两翼"结构。两翼是指"文学审美"和"文化理解"，这是建立在"语言运用"素养的基础之上的，同时也促进了"语言运用"这一素养的发展和提升。

"文学审美"这一素养，通过鉴赏、评价、表现文学作品的美，提升学生的语言表现力和语言感受力，能够激发学生对语言艺术的热爱，在语言实践中积累好的语言材料，建构语言审美经验，运用优美的语言文字进行沟通与交流，促进"语言运用"的形成和发展。

"文化理解"这一素养，通过积淀、继承、理解优秀的中华文化，能够增进学生对语言文字的理解，丰富语言文字学习的情趣，能够激发学生对语言文字的热爱。在语言实践中，丰厚的文化积淀可以改善学生的语言面貌，使学生在沟通与交流中更加自如。

"文学审美"与"文化理解"两者之间也是相互促进的关系，学生审美水平的提高能够增进对优秀文化的理解和认同；学生有一定的文化积淀，也能够丰富审美体验。二者是相互促进、和谐发展的。

总而言之，"语言运用"与"文学审美""文化理解"是语文核心素养的"一体"和"两翼"，三个要素相辅相成、共同发展。

2. 语文核心素养的现实导向

分析了语文核心素养的结构关系之后，我们已经形成了基本的语文教育目标认知，接下来，主要分析的是使用哪些途径去实现语文核心素养的培养，如何让语文核心素养发挥现实意义，和语文课程进行更充分的融合，也就是要针对语文核心素养具有的现实导向进行分析。具体而言，分析现实导向的时候可以从以下角度探讨。

（1）语文核心素养的课程标准。"课程标准是确定学校教育一定学段的课程水准、课程结构与课程模式的纲领性文件。国家课程标准是教材编写、教学、评估和考试命题的依据，是国家管理和评价课程的基础。"① 课程标准的研制，有助于落实语文核心素养教育，深化语文课程改革。课程标准的制定使语文核心素养得以落实，使以语文核心素养为目标的语文教育有了方向。

第一，语文核心素养要融入课程标准。前面我们解决了将学生核心素养转化为语文学科核心素养的问题。语文核心素养是一个桥梁，还要将其转化为内容标准，才能便于后续的教材编订、课堂教学和评价改革。

我国现有的语文课程标准是属于内容标准的，编排的体例遵循了语文学科体系的逻辑。现行语文课程标准包括四个部分：一是前言，指出课程性质、基本理念以及设计思路；二是课程目标与内容，描述教学所要达到的目标，规定学生应掌握的知识和技能；三是实施建议，是为保证受教育者的学习质量提供的教育经验；四是附录，提供了一些背诵篇目、语法修辞知识要点、字表等内容。

将语文核心素养的具体要求落实在语文课程标准中需要关注以下方面。首先，应该将语文核心素养贯彻落实在课程基本理念及课程发展的总目标中，与此同时，还要让语文核心素养培养目标具体化、详细化，学校及教师应该根据学生不同阶段语文核心素养学习的需要及学生的身心特征去确定客观的、科学的、合理的核心素养目标，语文教学内容直接决定了学生核心素养的形成，所以，应该从语文核心素养培养的角度去分析判断语文学习内容是否达到了语文核心素养培养的要求。如果达不到要求，则应该进行重新规划。其次，在教学方面应该根据语文核心素养培养的目的提出清晰明确的语文教学建议，让语文

---

① 刘淼：《当代语文教育学》，高等教育出版社 2005 年版，第 101 页。

教学可以有所依据。

第二，语文课程标准的编排方式要适合。确定好语文教学内容标准之后，要根据标准选择适合课程标准的语文内容编排方式。

课程标准中提到的编排方式有两种：首先，纵向编排，指的是要纵向对语文核心素养进行细化分解，让每个阶段都有固定的语文核心素养学习要求；其次，横向编排，指的是应该按照语文核心素养的要求对不同指标要达到的水平或标准进行描述和规定。纵向编排方式要求语文学科内容的组织要达到较高的逻辑水平，语文学科教学内容存在上下的连续特点，编排方式没有明确的限制，可以使用纵向的，也可以使用横向的，具体的选择需要参考语文实际教学需求。

（2）语文核心素养的课堂教学。提出语文核心素养培养之后，语文教师面临着更大的挑战，语文教师需要思考如何将语文核心素养显现在课堂教学中，如何落实语文核心素养培养的要求。想要语文课堂教学体现出语文核心素养的要求，需要教师和学生改变之前的教学理念、教学方法。

语文教学活动离不开语文教师的参与，语文教学进行的一系列改革都需要语文教师的积极参与，语文核心素养的培养也一样，它需要语文教师发挥重要作用，语文教师在进行语文核心素养的培养时应该形成正确的培养理念。在正确理念的指引下才能更好地开展实践活动。语文教师对语文核心素养的认识可能存在三种误区，都要予以警惕。

第一，看到"素养"一词，就将语文核心素养泛化，认为无论做哪些事都可以冠上"发展语文核心素养"的帽子，为语文核心素养狂贴标签。

第二，对语文核心素养认识出现错位，认为自己原来持有的某种片面的认识或采取的固定的教学方式就是发展语文核心素养，所以在教学理念和行为上没有任何改变。

第三，框定语文核心素养的教学模式，这是一线教师最容易出现的问题。提出一个理念，就固化成模式。如新课标提倡的合作探究，导致学生上课成群结组，给些时间就讨论，提个问题就探究，不去关照这个问题是否值得探究，学生们的探究有没有效果，对学习结果有没有成效，应该如何予以指导和改进，而单单追求这一形式。

（3）语文核心素养的评价机制。语文核心素养的培养，要以有效的评价机制作为保障，才能使其落实到语文学习过程中，对语文教育起到真正的指导作用。

第一，语文核心素养的可测量。接受语文教育之后，不同学生所形成的语文核心素养水平会不同。

语文核心素养的培养应该设置量化的评价指标，这样才能判断语文教育成果是否达到教育要求，量化指标的设计应该涉及语文运用、文学审美以及文化理解三个不同的维度，然后分别制定质量标准。我国使用的考试制度虽然受到了一定程度的质疑，但是如果对学习效果进行评价时始终按照最初设置的教学目标，并且设置科学合理的评价标准，那么对学生学习成果的评定就是非常精准的。语文核心素养必须进行量化定性，否则，它就会成为束之高阁的理论，不能在实际的语文教学中落实，科学合理的量化指标的形成可以为语文核心素养的形成提供保障。

第二，多元化立体式的评价。考试制度一直在进行改革，改革的目的是为了更好地实现素质教育的目的，虽然进行了很多的改革，但是高考依旧发挥着指挥学生学习的作用。既然高考具有指挥作用，为何不利用高考的指挥作用去促进语文核心素养的形成，其实应试教育和素质教育并不是完全对立的，人们之所以不认可应试教育是因为应试教育设置的评价指标过于注重学生的知识以及技能的学习程度，而且人们认为应试教育通过试卷的方式去评价学生的学习效果不能展现学生语文的实际学习水平。学生学习会受到评价方式的引导，语文核心素养的培养也一样，一定会受到核心素养评价方式的引导。

"要想实现对学生的全面培养，基于学科核心素养的评价就必须从内容到形式实现转变，通过多元化、多形式的评价模式，切实改进评价机制，通过情景式、活动性等多样化的形式，实现对学生的学科综合评价。"[①] 语文核心素养的评价除了量化测量之外，还要采取多元化的过程性评价方式，涉及语文活动各个方面的立体式评价方式。

评价是学习的工具，发展学生的语文核心素养，就必须制定行之有效的评价机制，只有语文核心素养对学生的语文学习成果产生实质影响，才能引起语文教育相关人士的重视。

二、中学语文核心素养教学的主要内容

（一）品味语言，在阅读和鉴赏中感受语文的魅力

刘勰在《文心雕龙·知音》中提出："夫缀文者情动而辞发，观文者披文以入情，沿波讨源，虽幽必显。"文学作品是由一个个语言文字连缀而成的，只有揭开言语的帷幕，进入文本的情感世界，才能最终抵达文章的精神内核。语言文字是我们解读文本的重要抓手，只有立足于语言和语言得以符号化的文字，才能真正触摸到语文本体，切实把握语文本体。

在戏剧文学中，故事情节的进展、人物性格的揭示以及剧作家对人物事件的评价，一般都依靠人物语言即台词来完成。在戏剧教学中，我们只有带领学生一起玩味戏剧语言，尤其是潜台词，才能走进剧中人物的心灵世界，读懂剧本的深层意蕴。例如，话剧《雷

---

① 辛涛等：《基于学生核心素养的课程体系建构》，载《北京师范大学学报》（社会科学版）2014 年第 1 期，第 41 页。

雨》中，周朴园认出鲁侍萍后，意识到一场大祸将要到来，为了化解迫在眉睫的危机，决定和鲁侍萍谈一谈。周朴园在谈话中先后七处紧承相连，用了多个"好"字，这些"好"字各尽其妙，对这些处的"好"字逐一分析，并由此来窥探周朴园的内心世界，就会发现这一连串的叫"好"声，实际上是周朴园利己心态的生动反映。

古典诗歌讲究炼字，更需要我们品味语言，所谓"披文以人情"就是这个道理。"自古悲摇落，谁人奈此何。夜蛩偏傍枕，寒鸟数移柯。向老三年谪，当秋百感多。家贫惟好月，空愧子猷过。"（刘长卿《月下呈章秀才》）此诗颔联"夜蛩偏傍枕"中"偏"字值得咀嚼，"偏"是"偏偏"的意思，夜蛩（蟋蟀）你为什么偏偏在我枕边鸣叫，让我一夜无眠，感叹时光流逝呢？埋怨蟋蟀，似无理却有情，且情感战胜理智，达到"痴"的高度，古人称之为"无理而妙"。

有些古典诗词文字浅显易懂，学生、老师觉得浅显的读一读就行，其实不然，浅诗往往浅中藏深、平中见奇、淡中有味，如果老师不注重浅诗深教，引领学生品味诗歌的语言，深入诗歌的肌理，走进诗歌的意境，就很难体会其情蕴与美感。

浅诗往往言近旨远，言有尽而意无穷。针对这类诗，教师要提示学生，紧扣诗歌中富有暗示性的字词，品出言外之意、弦外之音，例如：

独坐敬亭山

李白

众鸟高飞尽，孤云独去闲。

相看两不厌，只有敬亭山。

后两句表达了诗人与敬亭山之间的深厚感情，但对"只有"二字，缺少玩味。"只有"强调唯一性，诗人"不写而写"，越是强调山之有情，越是反衬人之无情，含不尽之意于言外。

古典诗词很重视意象，借助它来营造意境，诗人的情感多寄寓在意象之中，对意象的把玩就显得尤为重要。例如：

乌衣巷

刘禹锡

朱雀桥边野草花，乌衣巷口夕阳斜。

旧时王谢堂前燕，飞入寻常百姓家。

后两句景物寻常，语言浅显，学生容易蜻蜓点水、浅尝辄止，不去思考飞燕的象征意义。诗人以景结情，赋予飞燕以历史见证人的身份，通过今昔飞燕栖息之处的对比，寄寓物是人非、沧海桑田的无限感慨，可谓含蓄蕴藉、余韵悠然。

汪曾祺主张"逢人只说三分话""小说不宜点题"。对小说克制性的语言同样需要揣摩，字斟句酌。短篇小说《侯银匠》中的主角侯银匠，给人留下深刻的印象。然而，侯银匠之所以是侯银匠，定有其与众不同的地方。"侯银匠中年丧妻，只有一个女儿，他这个女儿很能干。"这句是交代之笔，看似平平淡淡，却意味深长。有学生蜻蜓点水，轻意地滑过此句；而有学生从此句中读出侯银匠内隐的情感：侯银匠中年丧妻，怕女儿受委屈，有经济条件但未曾续弦，这就品味出我们民族性中父爱深层的一面，也看出这句"融奇崛于平淡"，对该篇小说情节而言是最有力的支撑。

散文也叫美文，刘亮程的散文《寒风吹彻》语言质朴隽永，夸张一点说，句句值得人咀嚼。"天快黑时，我装着半车柴禾回到家里，父亲二见就问我：怎么拉了这点柴，不够两天烧的。我没吭声，也没向家里说腿冻坏的事。""二……就……"这二关联词，表明父亲只关心柴火，关心一家人的生计，不关心我的腿，父子之间出现情感的隔膜与裂痕。有血缘关系的父子，一定程度上都表现出人性的冷淡，说明"寒"已不仅仅体现在天气上、物质上，更已深入人的心灵与精神上，照应了文章题目中的"彻"。

总而言之，如何来品味文本的语言。"品味"，顾名思义，先要品读。例如，鲁迅的小说《药》，教师可以以采用朗读法，通过朗读不断感染学生，将学生带入情境中。课堂重点朗读的是"买药"等情节。老师读，学生读，用心读，再三读，读得声情并茂，读得同学凝神屏气。然后，请学生谈感受。学生通过用心读，再三读，可以让隐藏在文字背后的意义逐渐浮现出来，清晰起来，情不自禁地进入由文字构建的形象世界、情感世界与意义世界中去。

我国古代传统教学讲究"吟诵"，即有节奏地诵读诗文。汉语的诗词文赋，大部分是使用吟诵的方式创作的，所以也只有通过吟诵的方式，才能深刻体会其精神内涵和审美韵味。《从百草园到三味书屋》中这样写道："先生自己念书，我们的声音便低下去了，静下去了，只有他还在大声朗读着……我疑心这是极好的文章，因为读到这里，他总是微笑着，而且将头仰起，摇着，向后面抛过去。"鲁迅描绘的就是寿镜吾先生吟诵古文的场景，吟诵是古人学习传统文化时高效的教育和学习方法，有着2000年以上的历史，代代口耳相传，在历史上起过极其重要的社会作用，有着极高的文化价值。

有声语言的表达是以声达意、以声传情。在诵读过程中，教师要指导学生朗读，要让学生熟练掌握语调、语速、重音、停顿等技巧的传情达意功能。

"品味"，更要重视玩味，要用心去揣摩，一篇文章，学生也能粗略地看懂，可是深奥些的地方，隐藏在字面背后的意义，他们就未必能够领会。教师要引导学生玩味那些深奥些的地方，隐藏在字面背后的意义，换言之，就是读不懂的语句和意蕴丰厚的语句。当然，读不懂的语句，也有可能是意蕴丰厚的语句。

杨绛的散文《老王》结尾这样写道："几年过去了，我渐渐明白：那是一个幸运的人对一个不幸者的愧怍。""愧怍"为何意，为何会"愧怍"，"一个幸运的人"指谁，为何说是"一个幸运的人对一个不幸者的愧怍"，这些疑问都需要学生用心揣摩。"愧怍"是惭愧、对不住的意思，深一层次是指精神上的失衡与不对称性。玩味语言一定要结合语境，要结合上下文甚至全文，即古人所说的"字不离句，句不离篇"。杨绛在散文《老王》中塑造老王形象时，将他置于三种不同的情境：一是日常情境，"我"是主顾，老王拉车，作者侧重表现老王"不幸""最老实"；二是落难情境，"我"因为时代原因落难，老王拉车坚决不肯拿我钱，作者侧重表现老王善良，有同情心；三是垂死情境，"干校回来"，载客三轮取缔，老王身患重病，临终前一天将香油与鸡蛋赠送给杨绛，作者侧重表现老王重情重义，懂得感恩。在这三种情境中，老王的形象越来越高大，对杨绛夫妇的感情越来越深厚，而反观杨绛夫妇，始终和老王保持界线，这就为文末点睛之句"那是一个幸运的人对一个不幸者的愧怍"埋下伏笔。而"愧怍"二字折射出作者"我"所具有的社会良知与严于解剖自我的反省意识。

（二）畅所欲言，在表达和交流中习得语言的运用

表达与交流分口头与书面两种。中学语文教师要充分利用课堂阵地，创设情境，让学生有话可说、有事可叙、有情可抒、有议可发，做到"畅所欲言"。所谓"畅所欲言"，"欲言"首先强调要有内容，有真情实感；其次要有表达交流的欲望。"畅"既强调表达的自由，不受束缚，言为心声，"我手写我心"；也强调表达与交流的质量，语言能准确流畅地表达意义，不存在言不及义的现象，更不存在"语言的痛苦"。如何培养学生的口语交际能力，具体有以下五点。

第一，讲故事。利用每堂语文课前的两三分钟时间，让学生有准备地轮流讲故事，故事题材尽量不一样，一轮下来还可以从头再来。也可以定期举办故事会，围绕一个主题组织讲故事比赛，例如，讲述科学家的故事等。讲故事既有趣味性，又有教育意义，学生很喜欢这种绘声绘色的口语训练方式。

第二，举行演讲比赛。好的演讲不仅要有好的口才，而且要有敏锐的思想、出色的主张和广博的知识，演讲是各种才能综合表现的艺术。因此，演讲比赛在锻炼口才的同时，也必然会磨炼思想，扩充知识，开阔视野，这有助于学生的全面发展与能力提升。

第三，访谈。访谈是交谈的一种形式，是为了获得某些信息而采取的专门性的谈话。可以让学生以记者的身份采访学校里的优秀教师，或社区名人、普通工作者、留守儿童及老人等，在具体情境中培养学生的口语交际能力。

第四，辩论。辩论是对某一论题持完全不同或相反意见的双方展开论辩，以驳倒对方的错误观点来树立自己的正确观点。辩论较讨论激烈、立场鲜明，对辩论双方素养要求比

较高，中学生喜欢辩论，举办一场准备充分的辩论赛，有助于锻炼他们的口语应变能力。

第五，评论。对当前的某些社会现象发表评论，或就电影、电视、文艺、体育等方面的问题发表意见，还可以就学校、家庭和学生间的问题展开讨论。通过有准备、有思考的评论，可以提高学生的思辨能力与口头表达的能力。

为了营造宽松的交际氛围，使学生敢说能说，可以向学生提出"五允许"。①允许说错。教师允许学生回答问题错误、发表错误意见。说错了，教师和同学可以帮助改正，但不允许其他同学讥笑。②允许补充。对自己谈的问题，如果有遗漏或有了进一步的认识，可以举手要求做补充发言。③允许修正。学生对自己说过的话，如发现有错误，可以当众修正错误。④允许质疑。允许学生在课内或课外就老师讲课中的问题质疑问难；也可以就其他同学的发言，质疑、论辩；还可以就别人对自己的批评，进行申辩或答辩。⑤允许保留。如有的学生对一些问题的认识和大家不一致，允许他们保留自己的意见，并给他们当众阐述自己意见的机会。

总而言之，应该创造自由愉悦的说话环境，使学生乐于说话，有更多的机会说话。学生只有多练习说话，才可能会说、说好。

另外，在"畅所欲言"中不能忽视写作，写作是一种需要极强的动机、情感、意志参与的复杂的技能性活动。而我们要求学生作文多采用命题的形式，讲究"审题立意""按要求作文""思想积极健康向上"，这种写作的整个过程都是在教师直接或间接的控制下完成的，学生没有自由发挥的空间，写出来的作品，往往内容空洞无物，结构生搬硬套，表达平淡无力，有时甚至写作主题、内容、材料、手法都千人一面，缺乏个性。言为心声，写作应是"我手写我心"，真实地表达自己的内心情感；写作也是人与人的心灵对话，通过写作抒发自己的人生情怀，引起读者的关注和理解。写作应倡导自由地表达与交流，在畅所欲言中让学生习得语言运用的规律，掌握言语交际的基本技能。

"畅所欲言"，先得在"欲言"上动动脑筋，要让学生有话可说、有情可抒、有议可发。在写作内容上不要过多地束缚学生，让学生有写作的自由畅快感。我们可以倡导随笔教学，开展随笔生态写作，就是倡导学生自由练笔，从生活和读书中寻找话题，把自己的所思、所感用手中的笔自由地倾诉在纸上。学生可以记叙发生在校内的有意义的事，也可以抒发日常生活中的点滴感受；可以激扬文字，也可以尝试诗歌、小说等文学创作。"随笔"强调真诚与自由，鼓励创造与突破，反对束缚。我们可以以一书、一本、一刊、一案为支撑，着眼于人的生活情感发展、思维能力训练和语言能力提高这一写作素质核心，实施"读写互动"，培养学生的写作兴趣，激发学生的写作潜能，提升学生的表达与交流能力。

（三）归纳反思，在梳理和探究中积淀语言的素养

中学语文学习阶段，要培养学生丰富语言积累、梳理语言现象的习惯，在观察、探索语言文字现象，发现语言文字运用问题的过程中，自主积累语文知识，探究语言文字运用规律，增强语言文字运用的敏感性，提高探究、发现的能力，感受祖国语言文字的独特魅力，增强热爱祖国语言文字的感情。

古典诗词往往通过选择典型意象，构成意境，寄寓一定的情感，景物描写自然必不可少。景物描写有哪些作用，在诗词结构中的位置不同，其作用是否相同，这需要学生在积累的基础上加以梳理，将碎片化的知识结构化、系统化。在引导学生梳理时，下面以杜甫的《旅夜书怀》为例：

阅读《旅夜书怀》一诗，并回答下列问题。

旅夜书怀

杜甫

细草微风岸，危樯独夜舟。

星垂平野阔，月涌大江流。

名岂文章著，官应老病休。

飘飘何所似？天地一沙鸥。

问题一：开头两联景物描写各有什么作用？请结合诗句逐一加以分析。

问题二：尾联"飘飘何所似？天地一沙鸥"，请从情景角度分析其独特的表达效果。

很多学生有思维定式，看到景句，大多习惯回答"借景抒情"。通过提问、分类、比较、讨论、归纳等一系列梳理活动，发现景句描写放在诗歌的开头、中间和结尾，除了其本质作用借景抒情外，还会产生附加值，其效果是不一样的。首联，寓情于景，自己像江岸细草那样渺小，像江中孤舟一般寂寞；开头写景，照应题目，又有交代自然环境，渲染凄凉氛围的作用。颔联，景象雄浑阔大，以乐景写哀情，反衬诗人孤苦伶仃的形象和颠沛流离的凄怆心情。开头两联写景，为后面的"书怀"做铺垫。尾联诗人借景抒情，以沙鸥自喻，抒发了漂泊无依的凄苦之情；以景句结尾，含不尽之意于言外，耐人寻味，给读者留下品味想象的空间。

为何能借景抒情，在学生对"借景抒情"有一定感性认识的基础上，我们可以引导学生深入探究其原因，由"知其然"到"知其所以然"。景和人之间要有联结点，只有外在的景和内在的情具有一定的共性，并让诗人产生情感共鸣时，才能"以我观物，故物皆著我之色彩"。如"细草"中的"细"，"危樯独夜舟"中的"独"，这些字眼往往带有感情色彩，使人触景生情。作者有时不仅仅是借景抒情，还运用隐喻手法，物我化一，以景物

来自况，自己孤独得就像广阔平原上的一根细草、茫茫江面上的一叶扁舟。

梳理的目的是为了增强学生对语言规律的认识，举一反三，实现有效迁移。"对方落笔"，是古典诗歌经常采用的一种手法，诗人通过想象，落笔对方，借侧面描写来烘托自己的思念之情，既使感情倍增，又拓展了诗的意境。引导学生梳理曾经接触过的运用这一手法的诗歌，例如：

第一，家人之思。

九月九忆山东兄弟

王维

独在异乡为异客，每逢佳节倍思亲。

遥知兄弟登高处，遍插茱萸少一人。

邯郸冬至夜思家

白居易

邯郸驿里逢冬至，抱膝灯前影伴身。

想得家中夜深坐，还应说着远行人。

月夜

杜甫

今夜鄜州月，闺中只独看。

遥怜小儿女，未解忆长安。

香雾云鬟湿，清辉玉臂寒。

何时倚虚幌，双照泪痕干？

八声甘州

柳永

对潇潇暮雨洒江天，一番洗清秋。渐霜风凄紧，关河冷落，残照当楼。是处红衰翠减，苒苒物华休。惟有长江水，无语东流。不忍登高临远，望故乡渺邈，归思难收。叹年来踪迹，何事苦淹留？想佳人妆楼颙望，误几回、天际识归舟。争知我，倚阑干处，正恁凝愁！

第二，朋友之思。

春日忆李白

杜甫

白也诗无敌，飘然思不群。

清新庾开府，俊逸鲍参军。

渭北春天树，江东日暮云。

何时一樽酒，重与细论文。

送魏二

王昌龄

醉别江楼橘柚香，江风引雨入舟凉。

忆君遥在潇湘月，愁听清猿梦里长。

寄和州刘使君

张籍

别离已久犹为郡，闲向春风倒酒瓶。

送客特过沙口堰，看花多上水心亭。

晓来江气连城白，雨后山光满郭青。

到此诗情应更远，醉中高咏有谁听？

第三，故乡之思。

移家别湖上亭

戎昱

好是春风湖上亭，柳条藤蔓系离情。

黄莺久住浑相识，欲别频啼四五声。

渡荆门送别

李白

渡远荆门外，来从楚国游。

山随平野尽，江入大荒流。

月下飞天镜，云生结海楼。

仍怜故乡水，万里送行舟。

第二节 中学语文核心素养教学的关键

思维发展与提升是指学生在语文学习过程中，通过语言运用，获得直觉思维、形象思维、逻辑思维、辩证思维和创造性思维的发展，促进深刻性、敏捷性、灵活性、批判性和独创性等思维品质的提升。学生通过语言运用获得"五种思维方式"（直觉思维、形象思维、逻辑思维、辩证思维和创造性思维），主要提升"五种思维品质"（深刻性、敏捷性、灵活性、批判性、独创性）。但特别需要明确的是，思维发展与提升，是不能"教"给学生的，它是需要学生通过语言建构与运用来实现和获得的。

"思维"贯穿听、说、读、写的整个过程，语文学习就是听、说、读、写思维活动的旅行。因此，培养和发展学生的思维品质，构建以思维为核心的听、说、读、写活动体系，是发展学生语文核心素养的重要载体和关键途径。

一、追求思维的深刻性

语文教学是学生、教师和文本之间的对话与交流过程，我们要充分挖掘课程资源，尤其通过对文本的学习，培养学生的语文解读与鉴赏能力，提高学生的语文核心素养，发展学生思维的深刻性。"思维的深刻性是指分析问题，能由表及里，由浅入深，由现象到本质，由感性到理性，善于抓住事物的本质特征，善于从看似杂乱无章的表面现象中抓住事物的内在联系。"①

例如，散文《寒风吹彻》，该散文需要抓住题目中的"寒风"二字，引导学生对"寒风"意象做深度解读，挖掘其多重意蕴，从而培养学生思维的深刻性。《寒风吹彻》一文，对个体生命的苦难做了哲理性的思考，语言质朴隽永，是一篇别开生面的美文。但学生由于人生阅历有限（没有在新疆生活过，感受不到西部寒风吹彻、大雪纷飞的环境），文化积淀不深，很难把握文章的深层内涵，有似懂非懂的隔膜感。因此，引导学生依据文本来解读文本，领会文章的多重意蕴，应是本课教学的重点。

《寒风吹彻》实际上是一篇托物言志类散文，教师可从题目入手，从"寒风"（"寒冷"）意象入手，紧扣二个"寒"字，依据文本，抽丝剥茧，层层深入，直指"寒风吹彻"的精神内核，从而把握文章的深刻内涵。总体思路是"开口要小，挖掘要深"。学习《寒风吹彻》一课，需要学生品读文本，领会"寒风吹彻"的多重意蕴，把握文章的深刻

---

① 范新阳：《中学语文核心素养教育论》，苏州大学出版社 2019 年版，第 198 页。

内涵，培养学生怜悯他人、关心他人的人文情怀。

二、追求思维的批判性

语文教师，要引导学生运用批判性思维审视作品的语言文字，探究和发现语言现象和文学现象，形成自己对语言和文学的认识。批判性思维，是对自己耳闻目睹的一切进行系统的评判，批判性思维是合理的、反思性的思维。

（一）培养学生批判性思维的必要性

中学生正处于一个逐渐走向成熟的过渡期。在这一阶段，学生的能力也将得到更加充分的锻炼，他们的思维更加灵活，并且具有一定的深度与广度。中学生大多充满了幻想，喜欢标新立异，其思维极富创造性，若是能够正确地加以引导，对培养他们的批判性思维有着很大的益处。

辩论的过程就是在学生充分暴露认识矛盾的基础上，围绕教学重难点，让学生自己判断对错、明辨是非，这样学生能在认真倾听、捕捉信息的基础上，独立思考，形成自己独特的见解，再在教师的引导下恰当适时地展开辩论，不断提高，强化认识，从而达到发展批判性思维能力的目的。

（二）培养学生批判性思维的策略

1. 鼓励学生个性发展

在培养中学生批判性思维能力的语文课堂上，教师不但要培养学生批判性思维的技巧，更要注重学生批判性思维习惯的养成，让学生会思考、敢思考、勤思考。这就要求教师在课堂教学活动中打破传统的教师为主、学生为客的师生关系，营建一种与师生平等且相互尊重的师生关系。让师生之间的交流发生在一个充满自由、民主的空间。课堂教学活动不再是同化学生的思想，聆听权威的声音，而是鼓励多元、发散，聆听不同的声音，鼓励学生从不同的角度考虑问题，进行独立的判断和选择，从而鼓励学生个性的发展。

2. 培养学生抽象思维能力

培养学生的批判性思维能力先要培养学生的抽象思维能力。在传统课堂教学活动中，教师多是从抽象的概念出发，再落实到具体的事物或事例，这一教学过程限制了学生的思维，禁锢了学生抽象思维能力的发展。反之，教师应当从学生具体的生活经验或过去的知识出发，得出抽象的概念或结论。此外，教师还应当鼓励学生自己去发现和经历抽象思维的过程。教师要鼓励学生发现学习过程中的问题，找到尚未理解的概念；之后在教师的支持和引导下，学生结合自己的实际经验和过去所学的知识，查阅相关的材料，去理解这些抽象的概念或知识。通过对实际问题的解决，学生的抽象思维能力也在潜移默化中得到发展。在培养中学生抽象思维能力的过程中，教师应当注重培养学生将事物分类来鉴别事物特征。例如，在讲解抽象概念时，教师可列举与该概念相关的事例，让学生识别其特征，然后再列举不相关事例，让学生给出不属于该概念的理由和解释。学生通过感官和分类来鉴别事物的同时，他们的智力能力也在增长。

总而言之，在对学生批判性思维及其能力培养的过程中，学生不仅学会了经由鉴别事物特征来推理事物的分类，也可以归纳出哪些特征有助于他们去辨析事物。在中学语文课堂教学中要让学生形成批判性思维必须先使学生学会语文教学的一些相关概念。例如，说明事物必须有相关顺序，说明事物的方法，说明事物语言的准确、简练等，这些基本概念的掌握无疑会帮助学生正确地理解说明文进而学会写说明文，从而完善他日后面对同样文体的思维和判断。而从连贯性和一致性的角度考虑，我们必须培养学生对自己思维的责任。

3. 培养学生的学习兴趣和动机

我们要适应新课程中学生是学习的主体这一观念，努力培养学生的批判性思维必须在教学中刻意引导学生提出问题。提问是培养学生学习兴趣、引发学生思考的一种有效手段。教师在课堂教学中要适当地运用这一手段。

（1）提问有助于营造充满神秘的学习气氛，有助于激发学生的学习兴趣。例如，教师在开始讲解一门新的课程之前可以向学生介绍该学科目前所不能解决但值得探讨的一些问题，这样，学生会因为变得好奇而有动力去了解更多的知识。在这一过程中，他们原有的思维方式也受到了挑战并且为其批判性思维能力的养成奠定了基础。当然，在这中间，教师也应当提示学生有些问题可能永远都是无法解决的。

（2）提问内容中立而没有确切答案的问题，有助于引发学生深层次的思考，这种类型的问题因为不会向某一特定方向引导学生，从而提供了更广阔的思考空间。除此之外，开放性问题，即不提供学生确切答案或问题本身就没有确切答案的问题，也有助于学生对某一问题做深层的探讨。在培养学生批评性思维的课堂上，从某种意义上而言，提问的目的不在于答案正确与否，真正的意义是让学生经历思考的过程。

4. 培养学生的参与意识

在传统教学过程中，教师要准备教材、组织教材、讲解教材，而学生只是被动的接受者。在这一过程中，思维得到发展的不是学生而是教师。小组讨论，作为课堂活动中学生之间互动和合作学习的一种方式，有着师生对话不可替代的作用，且越来越受到师生的欢迎。在小组讨论过程中，即使是最安静、害羞的学生也获得了思考的机会。每一个成员都有机会表达自己的思想、观点。通过相互之间的交流，学生可以丰富自己的认识，集思广益，开阔视野，形成新思路、新方案。

三、追求思维的创新性

（一）培养学生学习兴趣

中学语文教师要注重从培养学生语文学习兴趣入手，促进他们创造性思维的发展。在中学语文学科教学中，培养学生的创新思维，更多体现在让学生带着自己的思考对所学习的内容有更多新的认识探索和发现方面。语文是一个学生不断探索总结和学习积累的过程，那么他们的创新创造思维的发展，首先需要学生有一定的专注力，真正地投入进去，有自己的思考，这样他们的兴趣会不断地增强，给他们语文的学习也积累了更多的成功经验。所以，中学语文教师要从学生目前的情况入手，真正探索出更能够激发学生兴趣的学习模式，让学生可以主体性充分发挥。创新创造思维不是凭空产生的，而是要有所依托，客观现实是人们进行创新，创造的基础和基本的素材，因此，我们在中学语文教学中，培养学生的创新能力，必然离不开学生对于语文学科知识的扎实掌握，离不开他们对于语文基础知识的主动建构，所以，基础知识和创新的想法，两者结合在一起，才可能有更多的创新发现。培养学生兴趣的方法有很多，例如，通过表扬鼓励的方式，增强学生外部的学习动机，降低某次考试的难度，让学生们积累成功的经验，这些方法都有助于提高学生们的学习兴趣。所以，中学语文教师要在学生兴趣培养中，多下一些功夫，多采取些有效的措施。

（二）尊重学生学习自主性

在传统教育的方式影响之下，很多学生处在被动学习的状态，所以，他们对于语文的学习只是被动的接受，没有主动的建构，也没有任何的创新。这就要求中学语文教师要改变教学的理念，重视学生在学习中自主性的发挥，学生主动自主地进行语文的知识建构和探索活动，他们更容易在学习中，有一些新的思考和想法，一些新的创意也能够更多地呈现出来。在中学中阶段，教师尤其要让学生有更多的时间进行自主阅读的活动，让他们多阅读、多思考、多发现，观察学生对于同样的观点，是否能够结合自己的知识和经验产生一些新的认识和想法，因为这些都是在训练他们的发散性思维。学生新的想法也基于对以往知识的积累和人生经验的丰富方面，他们的发散性思维、创造性思维正是在不断丰富的阅读活动中逐渐积累和提高的。

总而言之，中学语文教师要着力培养学生的创新思维，借助语文学科语言工具类的特点，让学生们能够带着自己的好奇心和探究的主题，进行语文的学习和积累。中学语文教师要深入学生的学习实际，了解学生学习的规律，遵循他们内在对于知识探索渴望的好奇心，让学生在多变创新的教学模式之下，培养自己的创新思维，提高自己的创造愿望和能力。

第三节　中学语文核心素养教学的意趣

进行语文学科的审美教育，要引导学生充分认识语文学科蕴含的丰富多彩的美质。语文美质是多角度、多层次的，既有语文教学思想之美，也有语文教学内容之美，其中仅仅是语文教材中所蕴含的就有自然美、社会美，科学美、艺术美，人物美、心灵美，意旨美、情感美等。下面以中学语文古诗词教学的审美意趣培养为例进行分析。

一、中学语文核心素养教学的理论依据

（一）美学理论

美学作为一门独立的学科，具备两个条件：一是有专门的、系统的美学著作；二是形成独立的区别于其他学科的研究对象和范围。1750 年，德国哲学家鲍姆加登出版了著名的著作《美学》，该著作的出版，标志着美学作为一门独立的学科正式出现，鲍姆加登也因此被称为"美学之父"。美学理论认为："美学是一门关于审美现象的综合性的人文学科。"从课程性质上而言，美学和语文都重视学生的人文教育。

语文教学的明晰目标是进行美感（审美）教育，即在语文阅读教学过程中，通过美感（审美）教育，能够提高学生的审美能力。古典诗词作为语文教学的重要组成部分，具有极高的审美价值，它为语文审美教育提供了得天独厚的条件。古典诗词在语言上讲究简洁凝练，注重意象的塑造，充满诗情画意；在结构上讲严谨、有层次，注重整体性，富有形式之美；在音律上讲究平仄押韵，注重节奏，学生可以在朗读和背诵古典诗词时感受音乐之美；在内容上借诗明志，学生可以从字里行间细细品味言外之意，身临其境体会作者的真情实感，从而启迪心灵，陶冶情操。总而言之，美学理论对于语文审美教育十分重要，这也为中学语文古典诗词审美要素培养研究提供了重要的理论依据。

（二）教育学理论

教育学是研究人类教育现象及其一般规律的科学，它的主要任务是揭示教育的规律。

1806 年，著名的德国教育家赫尔巴特出版了《普通教育学》，这部著作具有划时代的意义，标志着教育学的正式诞生，已经成为一门规范的、独立的学科。教育学理论是一切教育实施的理论基础，语文教育是这样，古典诗词教学当然也不例外。夸美纽斯的《大教学论》认为：教育具有自然性，人作为自然的一部分，都应该受到相同的教育；主张教育要遵循人的自然发展原则；还强调要进行把广泛的自然知识传授给普通人的泛智教育。赫尔巴特教育学理论认为："教育学是一种以伦理学和心理学为基础的科学。"刘永康的《语文教育学理论》认为："语文教育学不是语文科学和教育科学简单相加的产物，而是语文科学和教育科学、心理科学等相互交叉、渗透、互相选择、融合、改造后，所形成新的质、新的理论体系。"

（三）心理学理论

心理学是研究心理现象的产生、发展及其变化的科学，它既是一门理论学科，也是一门应用学科。心理学的大量研究成果对语文学科的研究和发展具有一定的积极意义。

语文教育的发展与心理学的发展息息相关，我们进行古典诗词审美素养培养研究少不了心理学相关理论的支撑，人本主义心理学理论是其中的重要理论依据。人本主义心理学派 20 世纪五六十年代兴起于美国，代表人物是马斯洛和罗杰斯。人本主义心理学派认为，人的自我实现需求是最高形式的需求，教育的目的时尚就是为了个体的自我实现，个体为了达到最佳状态，会不断地进行努力和奋斗。自我实现体现的是一种人本主义精神。人性的完善是人本教育的主要内容，教育目标，首先，是完善人的人性和获得美好的精神生活；其次，是获得谋生的手段和求得物质生活的满足。总而言之，这些也正是古典诗词教学的目的所在，即在教学过程中，通过对古典诗词美学价值的探索，培养学生的审美素养，启迪学生的心智，陶冶学生的情操，发展和完善学生的人格，使学生身心健康发展。

综上所述，美学、教育学、心理学有很多方面都与中学语文古典诗词的教学理念相契合，运用美学、教育学、心理学的相关理论进行中学语文古典诗词教学审美素养培养研究，可以使研究的理论基础更加丰富。

二、中学语文核心素养教学的主要特征

中学语文古典诗词的审美特征决定了其在中学语文教学中独一无二的地位，准确把握中学语文古典诗词的审美特征和审美素养的要素，是中学语文古典诗词教学成功的关键。

审美特征是指"人在一切创造和欣赏美的活动中表现最突出、最具代表性的特征"①，

---

① 伍中旺：《中学语文古典诗词教学审美素养培养研究》，云南师范大学 2017 年版，第 18 页。

我们现在所说的中学语文古典诗词的审美特征指的是可作为古典诗词艺术审美特性的征象、标志，具体包括为以下方面。

（一）语言美的特征

文学作品是通过语言来塑造形象表达情感的。古典诗词是情感的艺术，更是语言的艺术，欣赏诗歌尤其要注重品味诗歌的语言美，它往往是平字见奇、常字见险、陈字见新、朴字见色。古典诗词的语言美首先表现在炼字上。杜甫"为人性僻耽佳句，语不惊人死不休"（杜甫《江上值水如海势聊短述》）的追求，贾岛的"两句三年得，一吟双泪流"（贾岛《题诗后》）和孟郊的"夜吟晓不休，苦吟鬼神愁"（孟郊《夜感自遣》）都说明这一点。诗中每个字都要经过反复推敲、千锤百炼，直至精妙传神，境界全出。古典诗词的语言往往表现为"以一当十"，力求"一字传神"。众所周知的"鸟宿池边树，僧敲月下门"（贾岛《题李凝幽居》）和"春风又绿江南岸，明月何时照我还"（王安石《泊船瓜洲》）两句中的"敲""绿"无不如此。

正因为古典诗词语言具有凝练性，具有较强的表现力，通过品味其语言的丰厚意蕴，启迪学生思维，进而做到对诗歌内容的把握。在具体的教学实践中，教师需要指导学生对诗歌语言仔细咀嚼，从中嚼出诗意。只有引导学生如此斟字酌句、揣摩把玩，才能品出古典诗词语言中的含蓄蕴藉美，从而领略其语言的神韵和魅力。古典诗词是千锤百炼的一种语言艺术，处处闪烁着美的光泽。古典诗词的语言具有凝练、含蓄的特点，又有优美生动的神韵之感。例如，王安石的"春风又绿江南岸"一个"绿"字，让许多文人为之倾倒。所以教师在诗歌教学中应抓住古典诗词语言美的特点，仔细品味，让学生体会诗韵妙处。

另外，诗眼更是诗歌语言美的关键，应抓住它，就可能成为我们教学中的一个亮点。有些诗歌看起来没有独特的诗眼，但是有些句子已经成为千古名句，是我们教学的重点，如"沉舟侧畔千帆过，病树前头万木春"（刘禹锡《酬乐天扬州初逢席上见赠》），这种被称为"类诗眼"，无论是古代还是今天，对美的欣赏都具有共性，不用语言表达就能够直接感受，如果问学生哪首最美，学生回答会各不相同，教师在教学时，可以引领着学生从共同欣赏美开始，从名诗名句中感受古典诗歌的魅力所在。

（二）意境美的特征

中学语文课本中选古诗词"视之则锦绘，听之则丝簧，味之则甘腴，佩之则芬芳"（刘勰《文心雕龙·总术》），这是对古典诗词意境的高度赞扬，古典诗歌在诗人不断的酝酿之中诞生，追求的是意境，也就是最高的艺术标准。意境，古代评论家称之为境界，意境处处体现在文学艺术美中，文艺作品中创作者勾勒了一幅幅生动的生活图景，每一个图景中，都蕴含着作者灵动的情思，勾动着读者的无限想象。

诗的意境因人而异，不同的作者勾勒的意境不同，千姿百态的意境可以雄伟壮观，也可以豪放旷达，还可以婉转细腻，还可以含蓄典雅。一首古诗为读者展现的是一幅或者多幅画，除了景色勾勒之外，还隐藏着深远的意境。景色和意境的结合，是古代诗人竭力想表达的，也是中国传统美学思想的体现，除了形似，古人追求更多的就是意境。

新课程标准规定，古典诗词学习要培养学生的审美能力，要让学生能够领会到诗歌的艺术境界，领会意境之美。中学语文教师在教学过程中，要引领学生去感受意境，由内而外引发情感上的震动，能够和作者产生共鸣，感受古典诗词的意境之美，提高自身的审美能力。古典诗词是古代劳动人民的心声，是人类的一面镜子，能够照到过去，也能够映射到未来。从古至今，人们都用多种方式讴歌劳动，最古老的《弹歌》："断竹，续竹；飞土，逐宍。"生动形象地展示了古人制作工具到狩猎的过程，每一个动作就如同一个故事，如同一个让人感动的生活场景，很容易引发人们的联想，两个字一顿，节奏非常明快，沉稳凝重，充满力量。先人们在严酷的自然条件下生活的劳动场面，就如同画一样展示在读者的面前。

《诗经·国风》有很多类似农事和劳动的场景描写，这些篇章根之于肥沃的土地之中，凝练着点点乡情，带着浓郁的泥土气息，能够让人切身体会到古代人的生活，是现在的人们生活的真实写照。朴实的语言闪动着灵动的思想，表达着古人的心声和情感，让我们感受到古代诗歌的无限魅力。

对劳动的热爱几千年来一直延续不断，成为后代诗人不断讴歌的对象，例如，在陶源明的《归园田居》中，这种对劳动的热爱之情得到继续延续，这首诗中没有任何闪亮的字眼，朴实无华，如同口语，简单地描绘了悠闲的田园生活，展示了劳动归来的劳累和兴奋，在平淡无华之中展示了生活的情趣，在劳作一天之后，诗人的心宁静如水，独自一人感受皎洁的明月。"道狭草木长，夕露沾我衣"，穿行在草丛之中，扛着一副锄头，晚风带过草丛，吹走了一天的疲劳，只留下了明月之下挥着锄头耕田的背影，多么美好的月夜归耕图，乡村的宁静，生活的惬意都蕴含其中，读者仿佛能感受到归来的诗人在夜风中迈着轻盈的步伐，向着家中的亮光走去，并且哼着惬意的小调。千百年来，劳动推动了人类的发展，是一切美的源泉，也是诗人灵感的源泉。

（三）音乐美的特征

古典诗词记录着古代人生活生产的状况，是诗人切身体会，高度凝练的成果，如同亘古荒原第一声啼哭，展示着人类的悲欢离合，诉说着无法诉说的宁静。每一个诗人都试图用自己最精炼的语言来展示出人类生活生产的状况，所以一代又一代的诗人用不同的手法勾勒了生产生活的真实状况。

例如，我们沿着文学的长河逆流而上，一路上都会感受到不绝于耳的袅袅声音，那是古典英式词的优美乐章，回荡在社会的历史长河之中。无数先人们在这里劳动，在这里创造美，日出而作，日落而息，击节而舞，弦歌而唱，自由奔放，无拘无束，将诗、乐、舞自然融合。古典诗词的这种魅力一直传到齐梁年间，诗人周颐、沈约等人提出"四声八病"说。诗歌的韵律之美再次得到进一步的发展。到了唐代，古典诗歌有了分类，一类是律诗，一类是绝句。分别与不同的姿态登上了艺术的舞台，这一时期诞生了大量的诗词，诗词韵律美得到进一步的开拓，开创了一个辉煌的文学艺术时代，每一首诗词都散发着清晰的节奏美。

除了意境之外，中国古典诗词的节奏和韵律美也成为一种追求，一首诗词就如同婉转的乐曲，围绕着诗词所要表达的内涵，韵律美呼之而出，诗词中的节奏就如同乐曲的基本结构。古典诗词非常讲究节奏，试图为读者营造一种波涛汹涌的情绪，通过凝练的文字，感受到文字的曲折回荡，在速度上有快有慢，在节拍上抑扬顿挫，几个简单的文字就能感受到强烈的美的力量，就能够展示出作者汹涌澎湃的内心，所以，很多诗词作者都非常注重节奏，例如，在《乐府·江南》，就充满了节奏感，让人不得不叹为观止，鱼戏莲叶间，然后从鱼戏莲叶东、西、南、北，节奏之美自然流淌。《乐府古题》解说："《江南》，古辞，盖美芳晨丽景，嬉戏得时也。"其含义就是说在这首诗中作者在碧波之上畅游，和鱼儿互动，欢快的情绪感染了周围，"鱼戏""人戏"相得益彰。人和自然有效地融合在一起，人在大自然中感受到快乐，人的快乐也感染了自然中的一草一木。大自然的缓慢节奏，就是人的节奏，大自然愉悦的情感就是人的情感。

中学语文教材所写的古典诗词大多数都是名人名家的诗词，读起来朗朗上口，句式非常整齐，节奏鲜明，韵律感非常强烈，朗朗上口的节奏中，能够感知到作者的内心情感，也能感受到其中跌宕起伏的感情，这就是中国诗歌内在的音乐美，中国的古诗词讲究格律、押韵、平仄、双声词、叠音词等，这些实质上都是韵律美的体现，展示了诗歌的音乐性。古代诗人创作不仅追求音乐性，而且把这种音乐性和诗歌的意境、作者的内心情感高度地融合和凝练在一起。古典诗歌无论是在韵律还是在意境方面，充分展示了音乐美。

王维的诗歌是意境上音乐美的代表，非常短小精悍、简洁明快，大多数通过白描手法，将大自然的清朗疏旷之美展示得淋漓尽致，就如同婉约悠扬的竹笛声。中学古典诗词教学要注重诵读，让学生在反复的诵读中品味音乐美，受到音乐美的熏陶，不断提升自身的审美能力。

（四）情感美的特征

情感如同诗词的生命，没有了情感，任何诗词都是干涩无味的。中国古典诗词艺术最本质的特征就是情感美。白居易对此进行高度评价"诗者，根情，苗言，华声，实义"（白居易《与元九书》），其中根情就是情感美，如同诗的根，离开了根就成为无本之木，由此可见，情感美在古典诗词中的地位非常高。情感是维系古典诗词的根本，离开了情感，就不存在古典诗词，所以古典诗词是感情的艺术，是诗人情感不断积累的产物，古典诗词是在作者浓郁的情感之上绽放的花朵。用最为简洁、最为灵活的语言打动了每一个读者的心，让每一个读者都能够在诗人的情感世界中徜徉，跟随着作者的情感一起波动。

在豪迈激昂之中，感受作者的雄心壮志；在哀婉沉郁之中，感受作者的点点相思；在激情热烈之中，感受作者对美好事物的追求，对崇高品质的赞扬；在慷慨激昂之中，感受作者对丑恶现象的无情鞭挞。古典诗词的灵魂就是情感，渗透作者浓烈情感的诗词大多数都成为一代名作。

例如，杜甫忧国忧民，在辗转反侧之中感叹"国破山河在，城春草木深"（杜甫《春望》）；陆游深切地盼望着国家的统一，内心无限惆怅，"王师北定中原日，家祭无忘告乃翁"（陆游《示儿》），这些情感都凝聚在古代诗词的字里行间，是高级的、永恒的、无论多少年都亘古不变的杜甫、陆游的精神就如一盏盏明灯，照亮了一代又一代人的内心，情感之美充溢着无数爱国爱民的仁人志士，鼓舞着一代又一代人坚强不屈地去努力和奋斗。

情感如同瀑布和鼓点，生生不息，敲打着古老的土地，敲打着中华民族不断奋勇前进。中华民族几千年来，自强不屈的精神，成为很多文人墨客笔下的素材，谱写了一曲曲爱国之歌，颂扬了人类最美的情操。

除此之外，古典诗词也非常注重人情美，例如，"慈母手中线，游子身上衣"（孟郊《游子吟》），寄寓了亲情。总而言之，古典诗词展示出的是最为纯美的情感，通过对诗词的学习，让学生能够体验到最为浓郁的爱国、爱乡、爱人之情，真正感受到中华民族的传统美德，感悟生命的本真，能加深学生对现实生活的理解，能够加强对学生的情感培养，形成健康、独立、乐观向上的生活态度。

三、中学语文核心素养教学的基本要素

（一）审美感知

中学生对事物的认识是从感知开始的，因此要具备一定的审美感知能力。审美感知能力是指人们通过视觉和听觉等感觉器官获得对美的事物的完整印象的能力，这包括两方面的内容：一是对事物外在美的形式因素的感受能力；二是对事物所蕴含的情感的感受能力。审美感知能力是审美能力的前提和基础，具体有以下方面。

第一，审美感知能力表现在对事物的外在形式美有一定的敏感性，这样才能善于捕捉生活中无处不在的美。在生活和实践活动中，要着重锻炼自己的观察能力，从生活的点滴中发现美的事物，从平凡中发现不一样的美感，这样才会对美的事物越来越具有敏感性。

第二，审美感知能力还表现在对事物蕴含的情感美的感受能力。从教学中要能感受到诗歌中的音乐、韵律之美，这需要我们具有较高的美学理论素养，在古典诗词的阅读中更好地培养自身的审美感知能力。在美育教学过程中，应该让学生随时随地地感知情感，情感的培养不是一蹴而就的，应该像春雨一样润物细无声，在不断地反复阅读、反复联想中开展，感受文章的独特之处，感受艺术的美，还可以通过审美想象，重新构图，发挥学生的创造力和想象力，让学生真正地融入其中，真正体会到情感的波澜。

（二）审美想象

中学课本中古典诗词包含了许多美的形象。审美想象力是通过景物、人物等实现的，是一种化实为虚的能力，通过学生的想象力，能够穿越时空，自由畅达地流连在作者的时代，感受作者的情感。在审美活动中，想象力具有移情作用，能够对现有的事物进行补充和调整，甚至能够变形，目的就是为了体验其中的内涵。

当体验到审美感受时，需要充分发挥想象力，主体对客体的无限遐想，形成了审美感受。中学生在外界事物的刺激之下，原有的记忆被充分调动，并且不断地加工改造，形成一个全新的形象，由此形成的心理过程被称为审美想象。在这个过程中，情感逻辑如同指挥棒，想象只不过是顺应了指挥棒。通过审美想象，能够衡量出个体的审美能力高低。中学语文教师在古典诗词的教学中，可以通过各种信息、设置情境等，充分调动学生再造想象的能力，让学生能够在原有基础上，不断地创造想象，重新塑造诗词情景。例如，《天净沙·秋思》为读者勾勒了一个宁静悠远、无限空旷的场景，教师可以引导学生通过诗句里面的"枯藤""老树""昏鸦""小桥""流水""人家""古道""西风""瘦马"等，重新创造想象，让学生闭上眼睛，想象诗人提供的画面，用自己心中的语言文字来描述，可以把自己想象的内容表达出来，培养学生的创造想象力，提升学生的审美想象能力。

（三）审美理解

审美理解是指欣赏、鉴别、判断、评价美丑和审美创造的特殊能力，是审美感知、想象、判断、分析的综合。审美解释是中学生的独特能力，这种能力来自审美、艺术实践，也来自生活的积累，不同时代人们的审美理解不同，审美理解带有浓郁的历史烙印。不同的民族因为思维能力、知识水平、文化修养等存在的差异，审美理解力也各不相同。在日常生活中，审美理解力表现在个体对事物分析、综合、判断等方面，同时也表现在想象、情感、创造方面，是感性和理性、知识和创造的高度统一，是创造美和艺术的前提。

中学语文教材中蕴含着丰富的审美资源，首先，中学语文教师的审美理解力表现在能理解文本内容之美。例如，"北国风光，千里冰封，万里雪飘"（毛泽东《沁园春·雪》）的冬天雪景之美，郁达夫在《江南的冬景》中描绘的"寒沙梅影路，微雪酒香村"的江南冬景之美。中学语文教师在发现这些美的同时还要学会在比较中理解二者之美，北方的冬天雪景是一种雄伟豪迈之美，而江南的冬天则是充满了明朗情调的柔和之美。其次，中学语文教师还要能从广阔的时代背景、社会背景中理解文本所蕴含时代美感。最后，中学语文教师还要从艺术手法中理解出文本之美。例如，艺术世界中的美丑是互相依存的，丑作为美的一种特殊形式。马致远的"枯藤老树昏鸦""古道西风瘦马"，那枯藤缠绕的老树上栖息着黄昏归巢的乌鸦，旁边荒凉的古道上，一匹孤独的瘦马迎着萧瑟的秋风走来，这确实是一个荒凉凄惨的景象，是一种丑的形态，然而这种景象愈是丑，就愈能显示出这位落魄的断肠人内心的孤寂、清苦以及浓浓的思乡之情。

（四）审美创造

在审美活动中，个体能动创造的能力，被称为审美创造。根据创造力的不同，可以分为新观念和新方法的审美创造、新艺术形象的审美创造。还可以根据创造的前后顺序，分为原创性、再创造、继续创造性、整合创造性等。无论任何创造形态，都能够体现出能动创造中的审美意象，审美意象具有独特、生动、新颖和感染性等特征，是任何审美创造的思维和行为的内在动力。

现代社会需要的是具有创新能力的人才，而对于美的创造也是人类实践活动中所不可缺少的。创造主体要在丰富的生活经验、渊博的知识、新颖的思维方式的基础上进行审美性的创造。而且这种创造应该是合目的性与合规律性的统一。中学生审美创造能力一方面表现为能自主进行文学艺术等的创作，在广泛地进行音乐、绘画、文学等的欣赏的基础上，尝试审美的创造，尤其是文学作品的创作。另一方面可以根据自己爱好进行小说、诗歌、散文、戏剧的创作，这既能锻炼自己的文学艺术的创造能力，同时还可以树立一个好的榜样。

审美创造能力还表现在能够在教学实践中创造美。在掌握教学规律，把握美的规律的基础上，有目的地创造教学美，这要求教师能创造性地编写美的教案，能创造性地组织美的课堂教学，并且能进行教学反思，不断提高自身审美化教学的能力。

综上所述，中学语文古典诗词审美素养培养研究，在于准确把握中学语文古典诗词的审美特征和抓住中学生审美素养的要素，它能更好地指导我们进行教学实践，也是中学语文古典诗词教学的顺利实施的基础和前提。

四、中学语文核心素养教学意趣的培养策略

语文是学习其他知识的基础，是人类进行沟通和交流的工具，承载着人类文化。语文教学除了让学生掌握基本知识之外，更重要的是教会学生做人，做一个全面发展、和谐发展的人。中学语文古典诗词教学能够培养学生的审美素养，能够实现学生自身的不断完善，所以审美素养是语文教学的核心，在教学过程中，应该围绕着培养审美素养进行。中国古典诗词是数千年来中华文化的凝聚，对学生精神领域影响非常广泛，在中学语文古典诗词教学中，应该通过怎样的方法培养学生的审美素养，需要注意以下方面。

（一）提升中学教师的审美素养

新课程标准要求语文教学活动中要实现教育创新，帮助学生建立起自主学习、合作探究学习、终身学习的习惯。这一要求表明了语文学科具有人文性特征，有助于纠正语文古典诗词教学审美素养培养缺失的问题。中学语文教师首先要解放自己的思想，进一步开阔视野和思路，深化古典诗词教学改革，引领学生真正领悟的古典诗词的美，真正起到传道授业解惑的作用。

1. 转变教师自身的教育观念

提高中学语文教师自身的审美素养，是培养学生审美素养的前提条件，在语文古典诗词教学中，教师要不断地学习、不断地提高，才能用自身的审美素养去感染学生，才能完成培养学生审美素养的目标。教育和学校都能够实现人与人心灵的沟通，教育是最微妙的相互接触，学校是相互接触的场所。

教师是学生学习的榜样，教师的一言一行深深地影响着学生，我们不能指望个人综合素质较低的教师能够教出综合素质较高的学生，如果教师缺乏审美素养，是不能够培养学生的审美素养的。只有审美素养高的教师，才能对学生形成潜移默化的作用，才能培养出优秀学生。

教师的人格魅力对学生影响深远，甚至会影响到学生的一生，还有就是强烈的感召力，学生们模仿教师的行为，模仿教师的道德和精神，最终形成学生的行为和思想。所以在中学语文课堂中，教师要不断地提高自己，让自己独立思考、学识渊博、胸怀宽广、充满爱心等形象去感染每一个学生，让学生感受到自己优雅的风度、面对生活中困难积极的态度等，学生就会极力去模仿，也会在自己的人格中形成这些优良的品质。教师是为人师表，只有树立起高大的形象才能够获得学生的支持，只有具备渊博的知识才能让学生心服口服，所以就是要不断地学习，提高自身的审美能力、审美素养，才能够培养出优秀的、具有审美素养的学生。

2. 改变教师自身的教学方式

古典诗词的教学方法要让学生真正领悟到古典诗词的魅力，文学作品各种各样，不能用一个统一的固有的模式，对内容、形式和艺术进行模式化分析，应该针对共同的文学作品，采用不同的方法，可以是多种方法的综合运用。我国传统的教学模式，不利于学生创造性思维的形成。学生的主体地位完全被忽视，独立性和个性化被削弱，学习的目的成了纯粹的学习，而不是为了实现全面发展。

因此，需要注意审美素养的培养。审美素养的培养最有效的方法就是渗透，这种渗透是语言所无法表达的，在潜移默化中感染着他人、熏陶着他人，让他人产生美感，产生高尚的情操，让他人的认识得到启迪和提高，行为得到规范。对于中学语文古典诗词教学审美素养培养而言，应尤为重视审美陶冶。另外，中学语文教师还应该充分挖掘古典诗词中的精华，最终进行审美素养的渗透，采取灵活多样的教学方法，让学生能够从多方面、多角度去感知、去领悟审美体验。

3. 增强教师自身的知识储备

语文古典诗词教学为学生开启了一片新天地，让学生能够感受到古往今来不同历史时期的丰富多彩。中学语文教师必须具备渊博的知识，才能够应对当前学生对知识的渴求。有的教师自我满足的思想非常严重，一旦走上教师岗位，就忽略了学习、忽略了自我提高。教师的知识储备是有限的，只有不断地学习，才能够让自己得到不断的发展，才能不断地积累知识，丰富知识结构。虽然有很多教师已经认识到这一点，也通过自学或者参加继续教育等，学习新的知识，但是在学习中往往忽略了专业知识的提高。

语文古典诗词教学不能够离开文本教学，古典诗词内容非常丰富，蕴含了历史、艺术和伦理等内容，无所不有，从语文基础知识方面分析，涉及语言、语音、语法、修辞、词汇、文艺等方面，语文教师必须具备这些基础知识，才能够对学生进行引领，才能够圆满地完成教学任务。一个语文教师必须拥有丰富的知识，博览群书，对各种知识都广泛涉猎，特别是自然学科、社会和新兴学科，满足学生的求知欲。此外，教师还必须有坚实的古典诗词功底，才能够对学生起到引领作用。

只有拥有丰富的知识，才能够在课堂上游刃有余，能够满足学生学习的需求，能够为学生解疑释惑，才能真正成为一个优秀的教师。中学语文教师要博览群书，要以学科知识精益求精，善于对知识进行归纳中，也善于把教材中的知识前后贯穿，教给学生学习的方法和技巧。学生只要掌握住方法技巧，才能够进行自主学习和探究学习。另外，教师在教学过程中，还要时刻关注新的知识和新成果，让学生接触最前沿的知识，开阔学生的视野和提升学生的见识。

总而言之，中学语文教师只要深入地对古典诗词进行研究，才能体会古典诗词中的意境之美，才能够用语言把意境之美传授给学生，让学生也感悟到古典诗词的美，就会对古典诗词产生强烈的学习兴趣，不断地去探寻字里行间的美，审美素养自然就能得到提高。

4. 加强教师自身的教学技能

语文教师的教育教学理论只有通过实践才能得到检验，在语文教学的每一个环节，语文教师都可以把自己的理论知识进行实践。

（1）设计教学思路。只有教学思路明晰，才能够在教学的每一个环节中渗透审美素养，有意识地对学生进行培养，如在教授《钱塘湖春行》时，教师就可以借助于多媒体展示出钱塘湖的一片春光，然后就是按照一定的顺序，指导学生边观看图片，边思考问题，学生会在老师的讲解中不断地想象，能够很快构思出自己对钱塘湖春景的感悟，也会把白居易的诗和眼前的景色紧密地结合在一起，用如诗如画般的语言，表达出自己内心的感受，这种教学模式生动形象，能够充分调动学生的视觉、听觉和想象力，能够在学生脑海中产生非常鲜明的记忆，能够更加容易地理解诗词的内涵。

（2）找准重难点的切入口。重难点教学是一节课的重要内容，只有找到切入口，才能够化难为简，才能够让学生轻松地获得知识，也能体现出教师的高超的教学技艺、独具匠心的艺术设计，能够潜移默化地培养学生的审美素质。例如，有的古诗词比较深奥，学生理解困难，就可以用一种独特的切入方法，让复杂抽象的知识，化作简单具体的形象。

（3）掌握一定的古典诗词教学技巧，对于培养学生的审美素养，顺利开展教学很重要。古典诗词并不是千篇一律的，它们各有特点，只有灵活机动地采用不同的教学方法，或者多种教学方法组合，才能够满足学生学习的需求。在教学语言上，教师要注意自己语言的控制，如语速、语气和语调等，让学生能够根据教师语言就能够领悟到古典诗词之美。教师要不断地总结经验，提高教育实践能力，不断提高古典诗词的教学水平。

（二）培养中学生的审美素养

1. 培养学生的审美感知——诵读法

古典诗词教学中学生审美感知的培养是审美素养中最为基础的一种能力。自古以来，我国古代文人就赞成书读百遍，其义自见，在古典诗歌教学中，朗读是最常用的一种方法，只有通过诵读，才能够走进诗歌，才能够领悟诗歌的内涵。

诵读不同于简单的朗读，诵读的时候要做到字正腔圆、非常流畅，并且带着浓郁的感情，在诵读的时候注意节奏和感情的表达，真正领悟到古典诗歌的韵律、艺术之美。在古典诗词的学习中，吟诵起着决定性的作用。教师在教学的过程中，要注重对学生诵读方面的指导，让学生通过自己的声音，找到情感的契合点，这样就能够很容易融入古典诗词的意境中，真正品味古典诗词的魅力。

例如，在吟诵《闻官军收河南河北》时，这首诗表达了作者的那种收复国土欣喜若狂的心情，所以在诵读的时候就要把这种兴奋的心情流露出来，节奏明快、一气呵成，从刚开始听到喜讯时的激动，然后这种激动继续蔓延，形成喜出望外的情感，在文中"忽传""初闻""却看""漫卷""即从""穿""便下""向"，一系列的词语把作者的那种欣喜若狂的心情呼之欲出，让我们仿佛看到了一个头发斑白的老人，满面春风，心情快乐得简直要跳起来，归心似箭，恨不得马上回到故土。教师可以引导学生用非常富有节奏感的语气来诵读，让学生领略古诗的魅力。学生通过对古典诗词的感知，能够真正地走进诗人的生命，让自己的生命和诗人的生命实现有效对接，去领悟诗人内心的波涛起伏，去感受诗人眼中的一草一木，审美感知真正开始，这种感知是忘却外界一切干扰，以一种完全开放的心态，接纳万事万物。只有这样才能够穿越时空，和诗人一起喜一起悲，萌发出生命的冲动，萌发出对世间万物的关爱，只有这样才能开始探索诗歌的魅力。

优秀古典诗词具有高度的凝练性，一字一词都渗透着诗人对生活的评价，感恩诗人的情感，领会诗人的内心，和诗人的对话，这就是审美素养培养的本质。在诗词歌赋之中，实现"知""情""意"三者的高度统一、和谐发展，让心灵得到净化，让艺术家们用心灵雕刻出来的艺术重新再发光辉，让艺术家们对生活和对人生的关注再次展现在读者面前，让读者去领悟艺术家的独特的人生体验。

古典诗词包含了无数的人生哲理，是无数仁人志士智慧的结晶。"安得广厦千万间，大庇天下寒士俱欢颜"（杜甫《茅屋为秋风所破歌》）能够让我们从杜甫的心系天下，感受到一颗拳拳的爱国之心；"锦瑟无端五十弦，一弦一柱思华年"（李商隐《锦瑟》）中感受到岁月如逝，一去不返，要珍惜现在，看重当下；"长风破浪会有时，直挂云帆济沧海"（李白《行路难·其一》），李白的豪放豪迈，也能鼓励无数人不断地努力，奋发图强。

总而言之，古典诗歌所蕴含的人生哲理就像一座座桥梁，让无数个迷茫和脆弱的心灵得到慰藉，找到人生的光芒，不论是断肠人还是天涯沦落人，还是风流人物，都会引发学生情感的共鸣，让学生通过最基本的审美感知，了解到艺术的魅力。

2. 培养学生的审美想象——联想法

古典诗词的教学能够培养学生的鉴赏能力，在教学过程中，要引导学生对诗词中所体现的色彩、音律、节奏和结构等进行感知，把一些零散的、互不相干的景物能够有效地整合意象，形成一个全新的知觉形象，赋予情感和想象，纳入自己的生命之中，学生的脑海中就会出现一幅诗意蓬勃的画面，这些画面是充满了生命和灵气的，诗人的情感就在生命和灵气之中蓬勃而出，让学生真正地领悟生命的情思。

中国古典诗词经历了时间的考验，在任何一个时代魅力不减，能够让不同的读者领悟到不同的体验。审美感受主要依靠于听觉和视觉，朗诵时通过听觉，阅读时通过视觉，从最低层次的审美心理活动感知开始，也就是我们所言的发现美，然后不断地想象，最终创造美。情感融入诗词之中，想象力得到充分的自由发展，只要能够满足情感上的需求，想象力就可以任意驰骋。

语言是一种信息符号，通过古典诗词来表达语言，就如同插上了翅膀的符号，能够自由地飞翔。因为语言表达的含义具有不确定性，很多艺术家会在语言中留有空白，目的就是为了充分发挥他人的想象。中学语文教师引导学生学习古典诗词时，也要抓住这些空白、不确定的地方，让学生尽情去想象、去体验诗歌的魅力，让学生和诗人能够隔空实现对话，让不同的思想和情感相互碰撞，让学生能够实现生命的超越。挖掘古典诗词内在美，用这些美来慰藉学生的心灵，才能对古典诗词蕴含的意义继续深入地理解。

中国古典诗词非常讲究情景交融，只有在景物和环境之下，才能情由心生，才能够触发诗人的情思。自古以来，我国文人都赞成诗画一体，因为诗和画合在一起才能够真正体现出情景交融，古典诗词的这种浓郁的情景交融、如诗如画之美，是其他文体所不能代替的。诗人凭借着寥寥文字，就描绘了一幅幅图画，就是要透过文字，引导学生去想象，培养学生的再创造能力。学生是一个个有情感的人，只要对他们进行情感教育，学生的情感就会得到进一步的丰富。

例如，在马致远《天净沙·秋思》的教学中。教师可以把书本上的图画放大到多媒体上，让学生更加清晰地看到，然后展开联想，不再受到诗文语句的限制，用自己的语言文章表达出来，例如：

师：诗人描绘的究竟是一幅怎样的图画？

生1：一匹瘦骨嶙峋的马奔驰在弯弯曲曲的道路上，虽然瘦弱，但是这匹马非常有力。

生2：道路的两边是散落在树林中的人家，一条蜿蜒的小河缓缓流过，小桥旁边有袅袅的炊烟，就像家在远方。

生3：夜幕降临时分，成群的乌鸦归巢而来，叽叽喳喳地叫着，让诗人心中产生一种悲凉之感，鸟儿尚且有家，自己的归期在何时？

生4：断肠人应该指的是诗人自己，生活的坎坷，社会的不公待遇，让诗人远离尘世生活，只有一匹马伴着他四处流浪。

生5：西风吹过，树叶片片落下，作者的内心更加凄凉。

生6：叶落归根，人漂泊在他乡，这种悲凉是无以言表的，几乎潸然泪下。

根据上述教学片段，可见在教师的引导之下，学生能够用心灵去体验，感受作者的彷徨、凄凉、思乡，当学生的情感和诗人的情感联系在一起时，就会对生命进行反思，学生的想象力和心灵得到了锻炼和提高，师生一起互动，共同体会作者的内心情感，找到情感的契合点，就能非常容易地领悟到诗词的本质。

想象力是创造的源泉，只有通过想象才能够不断地发明创造。古典诗词教学就是要充分地调动学生的想象力，让学生想象诗歌之美，对培养学生审美素质具有重要的作用。学生的情感和心灵受到启发，审美情绪自然而然就产生，从表面的认知，到深层次艺术美的感知，学生的精神境界得到提高。

细细品味古典诗词的内涵，能够让一颗烦躁的心沉寂下来，能够引起无数的感慨和遐想，这就是我国古代诗词的魅力。中国古代诗词所体现出来的绘画美、人文情怀是高度统一的，只有深入地领会，才能真正领悟到古典诗词中的绘画美，领悟传统文人的情怀。

3. 培养学生的审美创造——练习法

当前语文教学要培养学生的审美教育能力，最有效的方法就是练习法，在教师的引导之下，学生根据古典诗词的模式和类型，自己创造诗歌，自己学习写诗。写诗训练能够让学生充分体验到古代文人的创作之路，能够提高自己的审美能力和领悟力，对推动学生学习古典诗词具有重要的作用。学诗和写诗活动应该成为学校的一种常态，通过各种各样的方式开展，如组织学生搜集民间歌谣、仿写扩写、对学生所写的诗进行评价等方式，引导学生善于从古典诗文的学习中提炼出写作技巧，能够在自己的字里行间也表达出一定的意境，同时还要明确写作规则。下面以改写和仿写为例进行分析。

（1）改写。对中学生而言，可以根据其他的文章进行改写，改写是一种提高学生写作能力的有效方法，改写并不等同于照搬照抄，在写作过程中可以充分发挥自身的才华，在语言和材料的组织过程中，能够掌握写作的技巧，改写的练习价值非常高，可以在古典诗词的写作过程中也引入该方法。在传统古诗词中，让学生加上合理的想象和联想，将传统古典诗词改写成散文、诗歌等内容，通过古典诗词的创新，能够提高学生的写作能力，也能够加深学生对古典诗词内涵的理解，还可以培养学生的审美素养。

例如，李清照的《如梦令》就可以改写成一篇非常优美的写景抒情散文。中学语文教师在教授的过程中，可以让学生对此进行改写，具体如下：

在那个秋夏之交的季节，我和朋友们一起到湖边驾船出游，首先来到了溪亭，为周围迷人的景色所吸引，忘记了前行之路，坐在溪亭之中一边饮酒，一边欣赏着四周的风景。四周景色如画，微风拂起，带动岸边的垂柳迎风飘扬，枝头掠过水面，水面上霎时碧波荡漾，满湖的红莲正在争相怒放，清淡的香气萦绕在空气中，景色非常优美。时光不知不觉地散去，红日映着回家的路，匆忙踏上小舟，划船试图归去，居然滑到了荷塘深处。当发现离岸越来越远，暮色越来越浓，不知不觉间记忆涌上心头，抬眼望四周，竟找不到回来的路，心中非常焦急，横冲直撞只想把小船划出荷花丛中，但怎么也划不出去，此时嘈杂的声音在宁静的夜幕中显得非常凌乱，夜宿在滩边的鸥鹭受到惊吓，呼啦啦地飞起。

学生的改写过程，就是对情景的再造，只有在全面了解古诗文的基础上，才能够把聚集的情感投入其中，才能真正地彰显古典诗词的神韵，才能够真正地发现、感受、展示和收获艺术之美。

（2）仿写。引导学生进行仿写，是在前人创作的基础上，按照一定的范本，重写一个类似的范本，就叫作仿写，这种练习能够留给学生充分的自由发挥余地，让学生在更广阔的思维空间中尽情发挥，但是也有一定的局限性，不能超越范本的基本结构，同时在修辞手法和思想情调方面要和范文实现一致。仿写能够让没有进行过诗歌创作的学生踏入一片新的天地，首次进行创作，体会诗歌创作过程中的技巧，捕捉生活中的点点细节，用细致的笔描绘自身的感悟。此时，教师应该进行及时的点拨，让学生灵感的火花迸出，像古人一样写出具有一定意蕴的诗。

例如，范仲淹《渔家傲》学习之后，教师可以鼓励学生进行仿写，具体如下：

凌冽的西风一吹

孤雁的影子逐渐氤氲在万里长空

鸟鸣哀哀

柳絮轻薄的腰身突兀地折断

湮不灭塞上的号角

薄烟袅袅

荒芜大漠笼罩下的边城

一缕厚重的狼烟倏忽升起

彰显曾经的烽火

一壶浊酒落下忧国泪

萧瑟羌管乐中

我眺望远方的姿势

宛如一尊屹立孤绝的雕像

踌躇在家与国的悬崖

得与失

均为辗转千回的惆怅

今夜

我希望让塞外的风再狂一些

如一条龙的咆哮

吹散风沙

吹不散漫无目的乡愁

总而言之，在语文课堂上，教师要善于引导，能够帮助学生产生灵感，能够转化为笔下的文字。中学生模仿能力特别强，对古典诗词有一种膜拜，他们崇尚伟人，渴望向伟人学习，渴望在古典诗词中找到自己的心灵寄托。教师就应该借助于这一心理，对学生进行有效的引导，让他们能够积极地参与诗词的创作中，认真地欣赏领悟古典诗词，找到内在规律，然后实现再创造。这样才能够让学生真正地领悟到古典诗词的魅力，不断地丰富只是内涵，不断提高审美素养。

第四节　中学语文核心素养教学的基底

文化传承与理解是指学生在语文学习中，继承和弘扬中华优秀传统文化、革命文化，理解和借鉴不同民族和地区的文化，拓展文化视野，增强文化自觉，热爱祖国语言文字，热爱中华文化。

学生核心素养的建构与发展，必须根植于肥沃的中华民族优秀传统文化土壤之中。中华文化绵延五千多年，经过一代代人的传承与创造，已经成为中华民族的精神支柱与宝贵财富。中华优秀传统文化主要体现为以"儒、释、道"三家为主体的中国传统文化思想，其核心是理想人格、自我实现和价值追求。在当今各种文化思潮碰撞交锋的时代，中学生继承和弘扬优秀传统文化，不仅仅关系到他们自身的前途和未来，更关系到中华民族的前途和未来。

在继承和弘扬优秀传统文化的同时，我们也应注意开阔文化视野，以多元包容的心态理解他域文化的存在，吸收世界各国的文化精华，不断丰富中华文化的思想宝库。

一、依托经典文本，多角度地进行文化理解

语文是文化的载体，也是文化的构成，语文教育本质上就是一种文化传递过程，一种文化的生成和创造过程。从文化的视角来透视语文教育的本质与特性，我们就会看到语文教育是一个由文化构成的丰富多彩的世界。优秀的文本总是渗透着一定的传统文化思想，传承与理解文化，不能通过灌输的方式，而应通过对文本的解读与鉴赏，充分挖掘文本中的文化元素，于潜移默化中让学生接受，并使其自觉地担负起传承与理解优秀文化的使命。

仍以汪曾祺的短篇小说《侯银匠》为例，该小说体现了浓厚的中国婚嫁与亲情文化。侯银匠将自己唯一的女儿嫁给了陆家，自己成了空巢老人，只能喝着慢酒，品味着寂寥的

人生况味。"侯银匠中年丧妻，只有一个女儿，他这个女儿很能干。"有学生从此句中读出侯银匠身上的闪光之处，在侯银匠身上体现了父爱的博大与无私，人性的善良与隐忍，反映了深层的民族文化心理。

从文化的角度来解读语文，使语文学习从"语言"层次进入"文化"层次，是让学生在语文学习过程中涵养文化精神、建构情感和心灵世界的重要法则。

二、借助语文活动，引领学生传承文化精髓

传承文化精髓，不仅要借助文本理解，还要借助丰富多彩的语文活动，要让学生在活动中学语文、用语文，接受文化的浸润与熏陶，以语文的方式参与文化建设。

开展语文活动，传承文化精髓，可以与文本有机地衔接。学生学习戏剧，我们可以让学生结合文本加以编排，如学习曹禺的话剧等，可以让有兴趣的学生表演，学生在表演中会加深对戏剧的理解，感受戏剧文化的魅力。

开展语文活动，传承文化精髓，可以糅合传统节日元素。我国的传统节日，都有浓浓的文化意蕴，我们可以通过开展一系列的语文活动，将纪念传统佳节与传承文化精神紧密结合起来。例如，端午节，我们可以举办屈原诗歌朗诵会，感受屈原伟大的爱国精神；重阳节，我们可以走访敬老院，慰问孤寡老人，弘扬"老吾老以及人之老"的敬老孝老文化。

开展语文活动，传承文化精髓，还应与地方的文化资源联系起来。每个地方都蕴藏着丰富的文化资源，有着鲜明的乡土特色。名人故居、名胜古迹、博物馆、纪念馆、文化馆、美术馆等，都可以成为我们开展语文活动的场所，学生可以通过调查、访谈、参观等学习方式，了解家乡深厚的文化底蕴，并融入地方的文化发扬与建设中去。

开展语文活动，传承文化精髓，要建设各级各类语文学习共同体。我们的语文学习活动，很多是综合性学习活动，要发扬集体的团结协作精神，这就需要建立语文学习共同体，如新闻记者团、辩论队、读书会、文学社等。社团语文活动的开展，要有很好的规划，能围绕特定的文化现象或主题开展活动，能让每一个成员在活动中提高文化品位，提升语文素养。

需要注意的是，开展语文活动，传承文化精髓，一定要突出"语文性"。无论我们选择怎样的文化现象或主题，都不要忘了基于语言文字、落实在语言文字。语文课程是以口语和书面语来承载文化信息的，语言文字是文化传播和文化生活构建不可取代的载体。各类学习活动的开展都要注意强化语文意识，突出语文性，像读书交流、习作分享、演说辩论、诗歌朗诵、戏剧表演等都是语文特色活动。当然"语文性"与"文化性"是无法割裂的，突出了"语文性"，也就意味着重视了"文化性"。

第五章
中学语文教学中的课堂艺术思维

第一节　中学语文课堂教学中的内容分类

一、中学语文课堂的阅读教学设计

"阅读教学设计是指教师在授课之前，在深入钻研教材、了解学生的基础上，在教学目的的制约下，对教学内容、教学方式方法、教学步骤做出科学的、合理的安排，以保证在规定时间内达到教学目标的总体设想。"① 阅读教学设计的指导思想具体有以下三点。

第一，树立整体目标观。阅读教学是教师指导学生以解读课文为依托，培养学生的阅读能力。在训练阅读能力的过程中，对学生进行知识传授、人文素质教育、思维教育、情感熏陶。教师要树立这种整体目标观。

第二，树立正确的阅读效率观。传统语文教学中老师常说"开卷有益"，意思是只要打开课本去读，就有益于增进知识，这话在彼时说有一定的道理，可是，当今世界信息量激增，传统的教学方法在今天有较大的局限性，快速阅读、快速记忆、快速计算、快速记录，不但被人们所重视、所研究，而且已有不少的专门学校从事这类人才的培养。语文教学的效率也被人们提上议事日程。快速阅读，许多国家已在进行研究并取得了丰硕成果。快速阅读，既可以扩大阅读量，增进知识存储量，也能培养学生思维的敏捷性。但是教师要明白单纯地增进阅读量不是高效率，阅读高效率有两个基本要求：一是能在规定时间内获得较多的有效信息；二是收集到的信息有较高的实用价值。

第三，树立阅读迁移的教育观。心理学认为，迁移有两种类型：一种是特殊迁移，指的是学生学习某一内容后对相似材料有特殊的适应性，如有的人一听某一支歌就能很快地记忆并哼唱；另一种是一般性迁移，指有关原理、态度和学习方法的迁移，它是教育的重

---

① 　王昱华等：《中学语文教学探索》，电子科技大学出版社 2015 年版，第 123 页。

点。语文教学的课堂阅读目的最终是为学生的独立阅读服务的。教师的"教"是为了学生的"不需要教"的能力的形成。所以，要让学生在课堂上学到的知识、技能、方法、态度能运用到课外乃至终身的继续学习上。是教育的终极目的。因此，教师要重视学习的迁移。教师在上课时，不但要传授知识，更要传授方法。不但要传授方法，更要针对不同的学生采用不同的引导方法。如有的学生喜欢上新课，他们喜欢新课文的情节，一旦了解课文的情节后便不再有兴趣。针对这种情况，教师要引导他们深入体味课文的意义，如提出一些问题让他思考。另外教师也要注意"同类相求，连类而及"，讲读课文再带读与课文内容、形式比较接近或内容相近，或语言风格相近，或情节相关的文章，都可以让学生课外阅读。这些都是有效的迁移。

二、中学语文课堂的写作教学

学生写作有一个复杂的心理过程，涉及注意、感知、记忆、想象、思维、情绪等多种心理活动，以观察、想象、思维、阅读等能力为基础。写作训练既是字、词、句、篇的综合训练，又是多种心理活动的综合训练，也涉及对学生认知能力、情感态度和价值观等方面的提升。写作水平的高低，是衡量学生语文素养的重要尺度，也是衡量教师教学成效的重要尺度。因而，写作教学历来是语文教学的重点和难点。中学生写作教学的策略具体有以下几种。

（一）帮助学生养成积累的习惯

学生应养成随时积累的习惯。阅读时，随时将可用的写作资料分门别类保存下来。养成写日记的习惯，将每天见到的人、事、物记下来。把一些作文范文抄下来，揣摩其中值得学习的地方，有意识地模仿。还要学会同学之间的合作积累，相互交流材料，共同讨论。

1. 阅读积累

写作从阅读开始。阅读积累包括课上积累和课下积累两方面。教科书课文都是经过筛选的，名著名篇，文质兼美，陶冶学生情操，启迪智慧。教师应在课堂教学过程中强调阅读的重要性，在阅读方法上进行有针对性的训练，使学生掌握基本的阅读积累方法，只有这样，学生才能重视起来，在写作中灵活运用，给作文增添一道道亮丽的色彩。要让学生养成课外阅读随时积累的习惯。学生的课余时间，很大一部分用于阅读。教师应当引导学生阅读经典，学习积累。要引导学生调动课外各种资源，包括校内外的图书馆、阅览室、书店、网络等，寻找经典阅读，从妙语佳句开始，逐渐深入作品的人物、结构等。还要让学生养成背诵的习惯，见到好的作品，例如，一些古典诗词、散文，甚至一些小说的片段，都可以熟读甚至背下来，现代文学中一些经典作品，如鲁迅的一些散文，都可以是背诵的材料。这些材料的积累，会丰富学生写作的"资料库"，在一定时候充分发挥作用。

2. 范文积累

在作文教学过程中，教师要引导学生欣赏和积累优秀范文，这些文章是同学段学生的作品，有天然的亲近感，也使学生在观察、积累、写作过程中主题的确定、视角的选择、词语的运用、结构的调整中悟到一些技巧，多看学生优秀作文可以提升写作空间。范文的选择范围很广。期刊中的范文，像《中学生作文》《儿童文学》等专门登载的学生文章；每年的中考、高考都会有一些文章登在报纸、杂志上，师生可以将其积累起来，共同分析；再就是学生日常的作文，教师可以采取墙报、传抄等方式，让学生参考、学习。如果选读带有评语性质的作文，相信会取得事半功倍的效果。

3. 练笔积累

教师应指导学生利用各种机会练笔。应督促学生养成写日记、周记的习惯，教师每周查阅，对日记所记，从观察、叙事、思考等方面予以评价，或者与学生以书面的形式对话，这对学生的写作本身就是一种鼓励。应利用墙报、板报、手抄报等形式，指导学生创办栏目，鼓励同学尝试不同类型文章的写作，可长可短，文体多样，自由活泼。在课堂教学中，利用组词、造句、片段练习等多种形式，日积月累，随时对学生进行语感训练。集思广益、取长补短，成立交流小组，利用自习课或作文课，对一阶段的写作情况进行师生交流和点评，对欠佳的作品提出改进意见，对优秀的作品提出表扬并作为范文示读。

（二）尝试推广自由写作

作文课是语文课的基本课型。以往作文教学基本流程是，教师布置作文题，解题，然后要求学生在规定的时间内完成一篇 600~800 字的文章。下一次作文课，教师对学生的文章进行评点，采取范文示读、错误列举等方式，要求学生学习、改进。命题方式包括教师直接命题，如《说说我自己》《我的父亲》《我的母亲》《最有趣的一件事》等。有时也采取仿写、扩写、续写、缩写等形式。这些作文形式有利于教师的把控，但也会有学生对文题理解不深、不透，难以下笔或无话可说。由于教师过于强调思想性，日常生活中的真实感受不合"积极向上"的思想标准，作文往往假话连篇，空洞无物，写作难以成为学生的生活需要，学生为完成作业而写作，失去了写作的本来意义，久而久之，就会厌烦写作，对写作产生畏难情绪。因此，写作教学的改革，应当从写作本意的恢复开始，就是让学生把写作变成自我需求。虽然我们不能完全取消课堂作文以及教师命题等形式，但可以尝试在命题上贴近学生，以细节命题方式代替现在流行的大而化之的命题方式，我们也提倡给学生更多的时间尝试自由写作。

自由写作即是不受限制和拘束，让学生自由命题、自由选材、自由构思，倡导"我手写我口"，它和练笔积累阶段的写作不同之处在于，此时所写都是教师指导或自由发挥式的文体写作。可以结合课文自由创作，如安徒生的《皇帝的新装》是一篇童话，马致远的《天净沙·秋思》是一首小令，韩非子的《郑人买履》是一则寓言故事，学生在写作时，教师可以鼓励学生尝试用新的体裁对课文内容改写，或者利用自己感兴趣的、擅长的体裁进行改写。把《皇帝的新装》改成话剧，把《天净沙·秋思》改成一篇充满凄苦愁楚之情的抒情散文，把《郑人买履》改成一篇讽刺小说。这样的自由写作不仅加深了学生对课文的理解，还能放飞想象力，锻炼写作能力，提高写作水平。

给学生自由写作的方式还有许多，可以采用以下写作训练形式。

第一，随笔。老师完全可以鼓励学生记录下自己的日常生活经验，引导学生把这些点点滴滴写成大大小小的文章，装订成册，编制目录，为自己的书起一个个性化名字，每个学生就拥有了属于自己的"随笔集"。

第二，班级日报。按学号轮流办，文章必须自己写，这些小文章往往篇幅短小但是内容精悍，充满了学生青春气息，富有生活情趣。

第三，读书笔记。教师每学期都可以根据实际情况对学生提出课外阅读的要求，鼓励学生写读书笔记，记录自己的心得体会。

第四，书信。教师应该鼓励学生经常给同学、家长或其他人写信，特别是老师，或就语文教学提意见，或就班级事务出主意，等等，既锻炼了他们的文笔，又锻炼了他们的思考能力，还增强了他们参与意识，一举多得。

第五，小说。在学完一些文学名篇后，教师可以鼓励学生大胆想象，完成"续写"，也可以鼓励学生勇敢尝试写一些反映自己生活的小说，或根据看过的电视剧、动画片的情节，写一些儿童小说、童话等。

第六，诗歌。老师可以鼓励和指导学生尝试小诗创作，锻炼学生的想象力和表现力。

各种各样的写作形式的练习，对于中学生保持写作新鲜度与热情会有很大帮助，是唤起写作兴趣的重要方法。同时，老师要利用和创造一切机会让学生的作品充分展示，增加读者数量，以此提高学生的写作积极性。如教师可以利用、组织学校或者班级的演讲比赛机会，鼓励学生写讲演稿；用书信与朋友交流情感；当范文在班里宣读；当范文张贴；在班刊或校刊上发表；推荐到校广播站；推荐到正式刊物发表；整理成册随笔做班级展览等。文学园林、文学社团、文学类报纸、校园广播类的平台都是学生展示自己杰作的天堂。这些方法都能够提高学生写作的主动性，让学生感到作文不仅仅是练习，也不仅仅为了应试，而是在生活中有实际的用处，从而在生活中自觉地学习写作。

教师也应抓住时机开展相关写作教学，指导学生掌握取材、构思、起草等方面的技巧，引导学生养成良好的写作习惯；将写作知识自然融入教学过程中，让学生在教学的每个环节中理解、接受和使用这些写作知识。学生发现写作是一种生活需要之后，才会干劲十足，兴趣盎然，写作越持久水平提高就越快。

（三）使学生养成斟酌、修改的习惯

教师要在作文教学过程中让学生逐渐养成多次修改的习惯。应该告诉学生，优秀的作文不可能一挥而就，要像雕琢璞玉一样反复修改。不少学生虽然平时经常练笔，但写作水平仍然没有明显提高，重要原因之一就是没有反复斟酌、认真修改的习惯。写出草稿，就要逐字逐句地润色加工，直到找不出明显的问题。在修改过程中，需要借助语感与语法修辞常识，有比较强烈的自我审阅意识，对文章提出更高要求，力争改出自己最高的水平。修改之后，还要主动与老师、同学交流写作、修改的心得体会。可以互评互改，分享感受，沟通想法。作文训练应该重质不重量，语文教师要让自己的学生感受到作文认真修改后会脱胎换骨，越来越好，同时在修改中积累写作的经验。

（五）使学生养成文面整洁、书写规范的习惯

学生书写潦草，究其根源，有时候是为了追求书写速度，学生坦言，语文考试时往往需要写很多字，如果慢了就容易答不完卷子，提高书写速度就成了必然。字迹潦草、缺乏词汇、句子不顺畅、病句连篇、不正确使用标点符号等，都是片面追求速度产生的问题。教师应该针对学生书写方面提出更高的要求。书写汉字，要在端正基础上逐渐提高速度，随着时间的推移逐渐定型，形成习惯。这样要求，不仅有利于练出一手好字，还能养成认真细心、刻苦顽强的品质，还有助于培养高雅的情趣。中考评卷时，每位老师必须在很短的时间内批阅大量考场作文，工作量非常大。卷面潦草会严重影响阅读情绪，相反，整洁的卷面也会使人心情愉悦。书写规范，字迹清楚，文面整洁，可以有效避免意外丢分。

（六）教师要认真评改作文

教师的作文评改应以鼓励、对话为原则，使学生获得成功的体验，有进步感，这样才会有提高写作水平的动力。教师也应喜爱写作、经常写作，甚至常常在报纸杂志上发表文章，这样一方面在评价作文时有的放矢；另一方面，懂得写作的甘苦，对学生写作的态度会保持一种发展、宽容的心态。教师应该用"显微镜"努力发现学生习作的长处、优点，然后再用"放大镜"赞美这些长处与优点，对差生尤其需要宽容，不能把自己看作评委，要用欣赏的眼光去看学生作文，尽量使用鼓励和商榷的语气，少用批评与指责的话语。不要试图用一次作文就能解决所有的问题，要给学生逐步提高的时间，只要有一部分内容甚至几句话写得好了，教师就要抓住并给予好评，对他们取得的每一点进步都应进行表扬。

教师的评语应当写得恳切、细致，不能以简单的"主题明确、语言通顺、结构完整"等简单了事。即使是指出缺点，只要保持着诚挚的态度，学生会有所得，会理解老师的做法。对一些优点和缺点都很鲜明的学生及其作文，应当试着用旁批的方式批改，教师看得认真，批得认真，学生自然也会重视，耐心修改。教师还可以利用分数等激励措施，平时作文只要态度认真，符合要求，打分就不应过低，要敢于给高分，而且一学期打分应呈逐渐上升之势，让学生感到自己写作水平持续上升，对于写作产生兴趣，形成良性循环。

三、中学语文课堂的口语交际教学

"口语交际是在一定的语言情境中相互传递信息、分享信息的过程，是人与人之间交流和沟通的基本手段。"① 良好的口语交际能力是现代公民的重要素养。"口语交际"以交际为目的，以语境为支撑，以互动为特征。交际双方为了特定的交际目的，要不断地发出信息、接受信息，听者和说者的地位随着交际的需要不断转换。他们既是听者，同时是说者。说者要根据听者的情绪反馈，及时调整自己的语气、语调和语言材料，听者又得根据说者的表述，及时做出应答。口语交际就是一种双向互动式的圆形语言实践活动，中学生的口语交际体现在以下两个方面。

（一）听话训练

听是人们学习语言基本的途径之一，提高听话能力是人们生活、工作、学习所必需的，也是为了适应日趋现代化的社会的需要，同时，加强听力训练可以发展学生的智力。

听话能力包括注意力、辨音能力、理解能力、记忆能力、欣赏能力等。注意力要求专心倾听，合理分配注意时间；辨音能力则要求对声母、韵母、声调、音节的轻重、句子的停顿有敏感的捕捉能力，将其迅速转化为对对方思想意识的判断；理解能力包括对对方使用的方言词、外来词、同音词、成语典故等词语的准确理解，对对方使用的不同句式，如陈述句、疑问句、感叹句、祈使句，单复句，省略、语序变化所包含的意义、感情、"话外音"等的准确判断，对对方的一段话要善于分析、综合、筛选、归纳，理出线索，明确中心。记忆能力包括对对方讲话的第一次感知能力，以及边听边记边整理的能力；欣赏能力包括对对方讲话的内容是否充实，是否完整，是否深刻，是否逻辑清楚，是否简洁、形象、生动等判断能力。

听话训练首先要注意对方说话的重音。如"秋天大雁为什么要飞到南方？"这句话，如果把重音放在"为什么"上，意思是要问大雁秋天飞到南方的原因，而把重音放在

---

① 张占杰：《中学语文教学法十讲》，安徽师范大学出版社 2017 年版，第 111 页。

"飞"上，意思就会变成询问大雁选择"飞"而不是其他旅行方式的原因。这需要听话者对对方语言重音做出准确把握，否则容易答非所问。其次要看具体的语言环境。例如，我们听到"你可真好哇"一句话，如果只有一个梨，哥哥让着弟弟，将梨子给了弟弟，弟弟说"你可真好哇"表示的是弟弟的感激；如果哥哥把梨抢过来吃了，弟弟没有办法，气愤地说"你可真好哇"，这句话就是"你可真不好"的意思。相同的语句放在不同的语言环境中，就会产生不同的效果，所以听话的时候一定要注意说话者所处的语言环境。

（二）说话训练

口语表达范围广，频率高，借助声音、表情和手势传达思想情感，口语交际中，说话要生动、亲切、做到通俗易懂，并根据情势随时调整。说话训练有利于生活、学习和工作，有利于培养思维能力、写作能力，对听、读能力培养也有促进。说话训练中，应努力锻炼自己的思维能力，加深思维的深度，提高口语表达中的灵敏反应度和逻辑性；应当提高自己的语言组织能力，语言丰富、表达准确，这就需要平时加强语言修养，多读书，尤其是多读名篇；应当有计划地加强口语修辞训练，做到表达口语化，简约明晰，连贯推进，生动活泼，能有效借用语音手段表情达意，同时应当注意纠正表达中的一些问题，如口头禅、过度使用关联词等。

说话训练可以结合阅读教学进行。课堂教学有很多环节可以用来训练学生说话，如朗读、答问、复述、谈读后感、讨论等。要努力增加学生说话训练的机会，注意课堂发言的质量，发现发言中的优缺点，及时对学生进行说话指导。说话训练还应与读写训练结合起来，使之互相促进。阅读教学中的说话形式多种多样，同一形式要求不同而难易有别，要根据学生实际情况和教学需要合理安排，做到既有训练重点，又能有机结合，有趣有序，综合进行。说话训练还可以和作文教学结合起来。口头语言与书面语言密切联系，二者结合，互相促进。布置了作文任务后，可引导学生就立意、文体、选材、构思等方面谈谈个人打算，相互启发，打开思路。作文讲评课也可以让学生先谈写作体会、互相评议。还可以进行一些口头作文练习，训练立意、构思和遣词造句的能力，这对发展学生说话能力有不可忽视的作用。

有条件的学校应当开展丰富多彩的课外活动，从中训练学生的说话能力。如情景表演、演剧、编演课本剧、演讲、辩论、读书报告、口述见闻、讲述故事、即席专题发言、现场观察描述等都是非常好的形式。还可以通过模拟社会生活，如接待、采访、请示、汇报、致辞、导游解说、自我介绍、慰问病友、商讨难题、电话对话、礼貌应对、法庭辩论、售货员与顾客谈话、医生与病人谈话等形式，在规定的具体场景中训练学生的应答能力。

说话训练可以分为以下三步。

第一，鼓励学生敢于说话。根据实际情况，逐步提出要求，如先完整、清楚地说一句话，再恰当、准确地说一段话；先把话说清楚明白，再把话说得生动鲜明；由读到说，由说片段到说整篇，由照稿说到照提纲说，到打腹稿说，到即兴说。还可以采用现身说法的方式，请平时不敢在人前讲话，经过训练说话能力提高较快的同学介绍自己的经验，把全班说话训练带动起来。

第二，引导学生乐于说话。为学生提供有趣的说话题目，让学生有话可说；通过开展有趣的活动，激发学生的说话欲望；通过举行讲演比赛，让学生从成功的反馈中培养说话兴趣。

第三，训练学生善于说话。为学生较系统地介绍说话知识，如怎样写发言稿，怎样练习发音，怎样增强说话的形象性和说服力，说话的姿势、仪态，各种场合下说话的注意事项，敬语、谦称的使用等；指导学生听广播录音，请朗诵好的人做示范表演；可以把每个学生经过反复练习后的讲话录音播放，逐段审听。

第二节　中学语文课堂教学中的备课艺术

中学语文课堂教学中的备课艺术须做到以下方面。

一、了解中学生的特点

语文教师备课时，还要了解学生的特点，这对上好语文课是非常重要的。因为学生是学习的主体，是教师工作的对象，教师的一切教学活动都是围绕学生进行的。了解学生包括以下内容。

第一，了解学生的学习态度和学习兴趣。对语文学科的学习，有些学生喜欢，有些学生不感兴趣。"教师要了解那些不喜欢学语文的学生的真实想法，针对他们的心理活动设计让学生感兴趣的课堂教学内容和方法。"① 对于喜欢学语文的同学，也要了解他们对教师讲课的要求和希望，了解他们在学习中会遇到哪些疑点和难点。如果能针对学生不同的学习心理，设计能引起他们学习兴趣的教学内容，对端正学生的学习态度，提高学习质量，是很有帮助的。

第二，了解学生的性格特点。语文教师应该对自己所教的学生的性格特点有所了解。

---

① 张璐：《中学语文课堂教学与实践》，吉林人民出版社 2019 年版，第 85 页。

有些学生性格外向，思维活跃，上课爱动脑筋，发言积极；有些学生性格内向、腼腆，虽然也能按照教师的要求积极思考问题，但不肯主动举手发言；有些学生注意力差，上课精力不集中，不能按照教师的要求积极思考；有些学生约束自己的能力差，上课不注意听讲，不愿意思考教师提出的问题。如果对每个学生的性格特点都有较深入的了解，上课时教师就可以用不同的方式启发学生主动学习。

第三，了解学生的家庭状况。家长的文化水平、生活习惯、性格和修养等会潜移默化地对学生产生影响，家庭教育是学校教育的重要补充和延伸。教师可以利用谈话、调查、家访等方式尽量全面地了解学生的家庭状况，把它作为备课时的参考内容之一，避免在课堂上出现令学生和老师都感到难堪的问题。总而言之，尽量细致地了解学生各方面的情况，对上好课是非常有益的，同时，了解学生也是所有教育工作者的责任。

二、编写中学语文教案

教案是教师上课时用的方案。教案编写的质量直接影响课堂教学的效果。教案的编写虽然因人而异，但大体上有一些固定的内容。初学者应该从最基本的东西学起，等有了较丰富的教学经验后，尝试写一些有个性的教案。

（一）教案的基本类型

第一，详案。详案内容详细、具体，其详尽程度接近讲稿。教师在课堂上预备讲的内容，包括作者介绍、背景介绍、生字生词、段落分析、中心思想、写作特点、课后练习、板书设计等，一应俱全。刚毕业的教师，写详案比较恰当。即使是有着多年教学经验的教师，接触到一篇新的课文时，也需要写详案。

第二，略案。略案文字简练，篇幅比较短小，只须写出教学的主要步骤或者对教材的梗概分析即可。略案的编写省时省力，使用时层次清楚，一目了然。因此，它适于有比较丰富的教学经验并对本篇课文比较熟悉的教师使用。

第三，微型教案。微型教案也称卡片教案。教师把某些教学要点简要地写在一张卡片上，夹在书中或置于讲台上，根据卡片上记的要点安排讲课的内容。一般而言，微型教案不能当作独立的教案使用，它可以配合详案或略案使用，是后者的某一方面的补充。

（二）教案的主要格式

教案一般应该包括下列内容。

第一，课题。在阅读教学中，课题即课文的标题，它写在教案第一行正中的位置，课题的下面写上课文作者的名字。在作文教学中，课题即该次作文的题目。在口语交际中，课题应该是此次口语交际训练的话题或内容。在综合性学习中，课题即综合性学习的主题。

第二，教学目标。教学目标包括语文德育目标、知识目标、能力训练目标、智力开发目标等。一篇课文教学目标的设定不要太全、太大，最多设置 3~4 个教学目标。教学目标的设定，可以参考教材中的单元目标，也可以参考课文前面的说明。

第三，教学重点和难点。教学的重点和难点可以分项列出。教学重点不可过多。教学难点的确定要根据学生的实际情况，有些问题在甲班可能是难点，在乙班未必是难点。教师在备课时，应充分了解学生的实际水平，灵活掌握教学的重点和难点。

第四，课型。根据教学任务的种类划分课型。一节课完成两项以上的教学任务叫综合课。一节课只完成单一的教学任务，叫单一课。根据讲课内容，也可以分为新授课和复习课，阅读课和写作课，自学课和教读课等。

第五，教学时数。用简短的语言说明本篇课文所需要的教学时数。

第六，教学方法。一般而言，一节课只用一种教学方法的情况比较少，大多数是几种教学方法一起使用。例如，进行作者介绍时，可以用讲述法；分析课文时，可以用问答法、研究法等。

以上是教案设计的"案头"部分，它可以在固定的教案本上用表格的形式印刷出来，教师在相应的位置用简单的文字填写即可；也可以根据实际教学需要，选取其中的某几项，但课题、教学目标这两项是必不可少的。

第七，教学过程。教学过程也可称为教学步骤、教学程序。它是教师在课堂上讲课的具体内容，也是教案编写中用笔墨最多的地方。有的教案为了醒目，也把教学过程分步骤列出来。教学过程的设计一定要便于使用。

第八，练习设计。为了巩固课堂所学的知识，并把知识转化为学生的语文能力，一般都要有相应的作业练习。为了使练习更规范，更有效率，语文教师在备课时，就应该设计好该课的练习题，并把它附在教案的后面。

第九，板书设计。板书设计可以写在教案相应部分的右侧空白处，也可以写在教案的最后。写在教案空白处的板书，比较灵活，即时性好，但不够完整，写在教案最后的板书，由于比较集中，能看出一节课板书的全貌。刚刚执教的新人，还是设计整体的板书比较适宜。

第十，教学后记。教案中一定要留出写教学后记的位置。教完一节课后，尽快把当堂课中出现的问题或教师的心得写下来，可备以后查考。写得好的教学后记，还可以作为教学研究小文章发表。

（三）教案的具体设计

进行教案编写时，有几个环节是要特别注意的，如导语的设计、提问的设计、练习的设计、板书的设计。

1. 教案的导语设计

导语是教师讲课的"开场白"。导语设计的成功与否，直接影响整堂课的教学效果。成功的导语应该能够迅速调动和激发学生的学习兴趣和求知欲望，为学习新知识做好精神准备。导语只是一个开头，占用时间不能过长，以三分钟左右为宜。

（1）悬念式导语。悬念式导语是指教师根据教学内容的需要，有意识地设置悬念，制造矛盾，使学生产生种种疑团，激起他们追根溯源的愿望。悬念式导语的作用有两个：一是引起悬念；二是启迪思维。

（2）趣味式导语。趣味式导语是根据青少年好奇心强的特点设计的导语。兴趣是最好的老师，如果导语能引起学生的学习兴趣，就能在上课伊始紧紧地抓住学生的注意力，使后面的内容顺利地进行下去。趣味式导语可以是一段有趣的故事，也可以是谜语、诗歌，或者是引人注意的消息等。

（3）开门见山式导语。开门见山式导语是指教师用最直截了当的语言点明主题，介绍本节课的教学目的、教学要求或教学内容。

（4）直转式导语。教师运用直截了当的语言，从旧课的内容直接转入新课，或从已知转入未知，从一种文体转入另一种文体，从一位作家的作品转入另一位作家的作品，这种导语叫直转式导语。直转式导语把新旧知识自然衔接，便于学生温故而知新，顺利地实现知识的迁移。

（5）情境式导语。情境式导语指教师用生动的语言进行直接描绘，或者借助其他手段创设一种情境，使学生在思想上产生共鸣。

（6）抒情式导语。抒情式导语指教师用抒情的语言感动学生，使学生产生阅读原文的愿望。

（7）背景介绍式导语。从介绍课文背景入手设计导语，可以使学生了解一些背景材料，加深学习的印象。

（8）审题式导语。从研究课文标题入手设计导语，因为好的标题可以直接揭示文章的内容或者作品的主题。

（9）实验式导语。实验是理科常用的教学手段，在语文课上，也可以借助实验导入课文的学习。因为实验具有直观性，非常形象，容易在学生的头脑中留下深刻印象。

2. 教案的提问设计

提问能起到"促疑""释疑"的作用。提问可以引起学生的思考，培养学生的思维能力；可以集中学生的注意力，它是组织教学的手段之一；可以帮助学生了解教材的重点，提高学习效率；可以使教师得到反馈，以便及时调整教学内容和教学进度；还能促进师生之间的交流，培养学生的课堂参与能力。在课堂上，教师和学生都可以提出问题。提问的类型可以有以下类别。

（1）记忆性提问。这类提问考查学生对知识的记忆情况，答案比较现成、单一。如请同学背诵上节课学过的古诗，或回答本文的作者是谁等。记忆性提问一般用于讲授新的教学内容之前，通过记忆性提问复习旧知识，为讲授新知识打下基础。由于记忆性提问只能再现已知，不需要学生进行深入的思考，所以一节课如果记忆性提问过多，不利于对学生思维品质的培养。

（2）理解性提问。理解性提问要求学生经过认真的思考后，用自己的话对事实、事件进行描述，弄清楚知识本身的含义。

（3）分析性提问。分析性提问是引起学生思考的提问，学生在回答问题时，要弄清事物之间的联系，进行适当的推论，找出答案。

（4）激疑式提问。激疑式提问是从学生看起来无疑的地方找出疑问来，激发学生思考。

（5）阶梯式提问。阶梯式提问是针对比较复杂的学习内容设计的一组提问，它偏重纵向的提问。阶梯式提问的主要特点是各问句间要形成一种递进式的科学序列，每一个问句都要相对构成一个台阶，前一个问句的提出是后一个问句学习的基础，后一个问句是前一个问句的深化和发展，像攀登阶梯一样，由易到难、由简到繁、由低级向高级，一步步发展。

（6）扩展式提问。扩展式提问和阶梯式提问不同，阶梯式提问多从纵向延伸，用于深化理解某些问题；扩展式提问多向横向发展，扩展某些知识的范围。

（7）分解式提问。分解式提问是把某一个完整而又较大的问题分解为若干个较小的问题，通过一个个小问题的逐步解决，达到理解和把握全篇的目的。

（8）综合性提问。综合性提问要求学生在头脑中把事物的各个部分、各个方面、各种特征结合起来思考回答。这类问题能激发学生的创造性思维，它常常没有单一性质的标准答案。

（9）评价式提问。评价式提问要求学生根据一定的标准和价值观念，对所学内容进行判断和选择，并提出自己的见解。

3. 教案的练习设计

中华人民共和国成立以来一直将语文学科定义为工具性学科。课程标准虽然增加了语文学科的人文性质，但仍然承认语文是工具性学科。对语文这个工具的掌握要经过反复的历练才能够完成。因此，语文教师备课时应该设置一定数量的练习，让学生通过练习掌握语文这个工具。

语文学科的练习分为课内练习和课外练习两种。课内练习是在课堂上做的练习，可以分为阅读的练习、写作的练习、口语交际的练习、研究性学习的练习等。它一般是教师在备课时，根据课程标准的要求、教材的内容、学生的学习情况自行设计的。课外练习主要是教师留给学生的家庭作业。它既可以是教师设计的，也可以是教材中每篇课文后面的思考练习题，还可以是学生自行设计的。常见的练习设计具体有以下几种。

（1）复述型练习。复述型练习主要锻炼学生的记忆能力，它既可以按照课文原来的样子复述，也可以变换角度复述，后者更能引起学生的兴趣。

（2）分析型练习。分析型练习的重点是培养学生的分析能力。在设计这类练习题时，要讲究一个"巧"字。如果教师对同学们说"下面请大家分析一下课文中人物的形象"，学生不一定会感兴趣。但是，换一种方法做这个练习，就可能引起学生极大的兴趣。

（3）背诵型练习。中学语文课程标准规定初中生最少背诵优秀诗文 80 篇，高中生也要背诵一定数量的名篇。因此，教师备课时应当设置一定数量的背诵型练习。背诵型练习可以在课堂上做，也可以布置学生在课后做。教师同时应该教给学生背诵的方法。

（4）标题型练习。标题型练习是按照课文的脉络，给每一个故事或情节加一个小标题，这样可以加深对课文的理解，理清文章的脉络，锻炼学生归纳、总结的能力和文字概括能力。

（5）填空型练习。填空型练习的主要特征是提出一个不完整的陈述，要求学生在空缺处填入恰当的字词或语句。

（6）质疑型练习。质疑型练习重在启发、引导、鼓励学生质疑问难，培养学生发现问题、解决问题的能力，培养学生的求异思维能力。

（7）发想型练习。发想型练习鼓励学生驰骋想象，对原文做增添和补充，以训练学生的创造性思维能力。

（8）讨论型练习。讨论型练习是在课堂上布置讨论题，让学生在讨论中发表自己的看法，培养学生分析问题能力和口语表达能力。

（9）扩写、改写型练习。这是培养学生写作能力的练习。扩写是增加内容，把较短的原文扩写成较长的文章。改写可以是将古文改写成现代文，也可以是改写原作的部分内容等。

（10）仿作型练习。仿作型练习是让学生仿原作的"形"，创造出自己"独特的神"。仿作既可以模仿原作的结构，也可以模仿原作的语言风格。

（11）批注型练习。古人讲究"不动笔墨不读书"，批注型练习继承了古人这个好的读书习惯，要求学生读书时，把自己的读书心得写在书本的空白处，培养学生动脑、动笔的能力。

（12）综合型练习。综合型练习是在阅读理解一段文字或一篇文章的过程中所做的一套连续性和综合性习题。它的答案往往涉及对字、词、句、篇各个层次的理解。中考或高考中的阅读理解题大多是综合型考题。

4. 教案的板书设计

板书是教师为配合教学需要，提纲挈领地在黑板上写出的文字或画出的图表。板书作为一种微型教案，对于理清课文脉络，突出教学重点，强化直观效果，体现教学意图，发展学生的思维能力，培养他们的审美情趣和良好的书写习惯，都将起到示范和教育作用。

教师在设计板书时，要有明确的目的性和较强的针对性，还要有高度的概括性和清晰的条理性。板书的文字一定要简约，可写可不写的东西，一律不要写在黑板上。最后完成的板书应该从内容到形式都给学生以美感。由于板书是在备课时就已经设计好的，因此要有周密的计划性。在使用时，根据课堂实际情况，还可以做适当的调整。板书常见的形式有以下类别。

（1）提纲式板书。提纲式板书是指教师按照课文各段落间的内在联系，概括出各段的中心要点，列出一个提纲，显示课文的结构层次。

（2）并列式板书。并列式板书是以条文形式出现的板书，其特点是条文之间是并列关系，格式整齐，眉目清楚。文章结构呈并列关系的，常用此式。

（3）对比式板书。对比式板书可以显示事物间的优劣或前后变化。

（4）总分式板书。有些课文采用总分式结构，这类课文可以设计总分式板书。

（5）表格式板书。此种板书采用列图表的方式，比较人物、事物、写法等方面的异同。

（6）线索式板书。线索式板书是通过抓住课文内容发展的线索，进而把握全文主干的板书方式。

（7）综合式板书。综合式板书是将教学中涉及的几个方面的知识内容综合在一起，使板书形成一个统一的整体。

第三节　中学语文课堂教学中的教课艺术

一、中学语文课堂的教师语言艺术

教师的职业特点决定了教师的语言一定要简洁、清楚、流畅。中学语文教师的语言表达水平要高于其他学科的教师，这是由语文学科的特点决定的。教师的语言包括教学语言、教育语言和交际语言。教学语言主要指在课堂上传授知识时使用的语言；教育语言主要是对学生进行思想品德教育时使用的语言，它既可以在课内使用，也可以在课外使用；交际语言是教师与别人交往时使用的语言，主要在课外使用。下面从有声语言和无声语言两方面研究语文教师的教学语言。

（一）有声语言

用声音语言向学生传授知识，是教学工作的一项重要内容，语文教师教学语言质量的高低，直接影响学生的听课情绪，直接影响语文教学的质量。因此，努力提高自己的语言表达水平是每位中学教师必须注意的问题。

1. 有声语言的特性

（1）规范性。所谓教学语言的规范性，包含两层意思。一是教师授课时必须用标准的普通话讲课，而不能用方言土语讲课。尤其在方言区，虽然人们日常交往都习惯用当地的方言，但在语文课堂上，教师必须用标准的普通话讲课。因为推广普通话是我们国家一项重要的语言政策，语文教师有义务把推广普通话的工作落实到每一名学生。二是教师用词必须准确，说出的话必须符合语法，不应该有明显的语病，不应该含混不清。

（2）科学性。学校传授的所有学科知识都必须是科学的，语文学科也不例外。讲授科学知识，必须用科学的语言。

（3）启发性。教学语言还应该具有启发性，能留给学生思考和想象的空间。语文课程标准强调：学生是学习和发展的主体。语文课程必须根据学生身心发展和语文学习的特点，关注学生的个体差异和不同的学习需求，爱护学生的好奇心、求知欲，充分激发学生的主动意识和进取精神，倡导自主、合作、探究的学习方式。根据课程标准的要求，教师在课堂上不应该把现成的结论告诉学生，而应该用富于启发性的话语，引导学生主动探求问题的答案。正所谓"平庸的教师只是叙述，好教师讲解，优异的教师示范，伟大的教师启发"教师用启发性的语言，引起学生的思索和注意，使他们在课堂上积极思维，比单纯地告诉学生最后的结论效果要好得多。

（4）趣味性。不少人喜欢听评书和相声，因为评书和相声演员的语言非常生动有趣。教师虽然不是演员，但也应该像演员那样，使自己的语言充满情趣，能在四五十分钟内始终像磁石一样吸引学生的注意力。心理学研究表明，学生在上课之初，注意力比较集中，这种最佳注意状态一般能保持 15~25 分钟，随后大脑产生疲劳，注意力开始分散。在学生感到疲劳时，用生动风趣的语言讲点形象的故事或者与课文有关的奇闻异事，可以减缓疲劳，引起学生的无意注意。当然，整堂课都能使学生感到老师的讲述充满了情趣，那是很高的教学境界。

除此之外，有声教学语言还应该带有一定的示范性，使之成为学生模仿的榜样；要通俗易懂，能带给学生美感等。总而言之，教学语言带有强烈的个性化色彩，每一位教师都应该对提高自己教学语言的水平做出努力。

2. 有声语言的分类

（1）导语。导语是上课之初教师导入新的教学情境时所说的一段话。精心设计的导语通过教师之口讲出来时，应该立刻引起学生的注意和兴趣，同时激发学生的思维，引起他们强烈的听课欲望，使他们的精神处于高度兴奋状态，水到渠成地进入下一步的学习。导语不要太长，要简洁、明白、易懂。每节课的导语都力求有新意，不能千篇一律。由于上课之初，学生的注意力还处在下课时的兴奋状态，因此，导语应该能立刻抓住学生的注意力，使他们迅速进入听课状态。

（2）讲授语。讲授语是课堂教学中使用频率最高的一种教学语言。它是把教师备课时写在教案中的内容通过有声语言传授给学生。教师的讲授语言应该清楚、流畅，抑扬顿挫，快慢适中；讲到重点处或需要学生做笔记的地方，语速要慢一些，留出充分的思索和做笔记的时间；对学生感到生疏的内容或应加以强调的地方，也可以适当重复，以加深学生对所学内容的理解。教师的讲授语是口头语言，尽量不要用太长的语句，以免学生听起来感到吃力；同时，尽量避免出现"嗯""啊""然后"之类的口头禅；讲授语要完整，不要说半截话，避免使学生感到疑惑不解。

（3）提问语。提问是课堂教学必不可少的环节之一。提问是一种教学反馈，通过提问可以了解学生对所学知识的掌握情况，以便教师及时调整自己的教学内容和教学进度。提问者可以是教师，也可以是学生。教师的提问是启发式教学的重要形式，学生的提问是他们主动学习的标志。复习性提问能督促学生及时复习巩固所学知识，达到当堂消化理解的目的；激疑性提问能集中学生的注意力，活跃课堂气氛，促进对新知识的学习；启发性提问能培养学生的学习兴趣，使学生养成积极思考、独立思维的习惯。

提问语应该是教师事先设计好的，不应该在课堂上不负责任地随机一问。设计的问题应该有价值，类似"好不好啊""对不对呀""行不行啊"之类问题，虽然全班同学轰然作答时声音响亮，但于所学知识无补。课堂上这类提问太多，不仅浪费时间，而且容易造成学生思维的简单化，所以应当坚决摒弃。提问还应该简捷、明确，不能过于空泛、不着边际，让学生无从回答。当然，提问也不可过于艰深，超出了学生的知识范围，就会使学生失去思考和回答的兴趣。

教师提问时，声音要有所变化，可以利用减慢语速、提高语调、适当停顿等方式引起学生的注意。提问之后，要给学生思考的时间，再让他们回答。对回答得不清楚的地方，可以进一步追问，训练学生思维的严密性。

（4）阐释语。阐释语是教师向学生传授知识和技能，或者回答学生提问时使用的解释性教学用语。阐释语所解释的常常是比较难懂的问题，因此阐释语应该准确、明了，最好能用通俗易懂、生动形象的语言解释那些难懂的问题，使学生听后有启发，感到明白有趣。阐释语也可以不做直接阐述，而是用谈话法引导学生自己思考分析，最终得出正确答案。

（5）过渡语。在教学过程中，由对一个问题的讲述转入对另一个问题的讲述，常常要用过渡语。巧妙的过渡语会使整堂课脉络贯通、气韵流畅、浑然一体。课堂的过渡语要求自然流畅，能够引起学生的思考。

（6）应变语。在课堂上，有时会发生一些教师备课时没有想到的情况。例如学生提出了一些旁逸斜出的问题，或者发生了临时事件，此时就要求教师有机敏的应变能力。应变语就是教师为应付特殊情况而临时组织的课堂语言。

（7）结束语。结束语也叫结语，是教师在下课之前对一堂课的总结性语言。优秀的教学结束语既可以巩固当堂课的教学效果，也可以衔接新旧知识，是贯穿课内课外，由知识向能力过渡的桥梁和纽带。

3. 有声语言的技巧

（1）用本色发音。语文教师几乎每天都要说大量的话，声带比较疲劳。讲课与平时交谈不一样，必须提高音量，字正腔圆，所以讲课比平时说话要累得多。有些初上讲台的教师，为了吸引学生的注意力，加倍用力讲课，一味地发高音，导致声带过分疲劳；有些教师在课堂上又过于随便，用平时唠嗑的声音去讲课，声音平淡松软，让人觉得有气无力，不能吸引学生的注意力；有些教师讲课时拿腔拿调，声音做作，表演的痕迹太浓，让人听了以后浑身不舒服。以上种种不正确的发音方式，都是不足取的。正确的做法是用本色自如地发声。每个人都有自己的最佳声域和最佳音量，在这个最佳声域里，用最佳的音量发音，自己就不会感到吃力，别人听了也觉得声音自然、舒服。

（2）音量的控制讲课与两人对面交谈不一样，与人对面交谈，距离一般不会超过 2

米，音量不必放得太大。讲课则不然，教师要面对四五十名学生，最后排的学生离教师有10米以上的距离，如果教师讲课的音量太小，后面的学生就听不清楚。教师的讲课能让全班同学都听清楚，这是对教师最起码的要求。

有些人天生音量较小，应该想办法提高自己的音量。提高音量有两种办法。一是增加肺活量。因为声音是靠气息传出来的，没有足够的气息，就不能发出洪亮的声音。平时多注意锻炼身体，经常参加游泳、跑步、打球、跳健美操等有氧体育运动，可以有效地增加肺活量。二是学会用共鸣音讲课。口腔、鼻腔、咽腔是发音的共鸣器，有的人讲话，嘴张得很小，不仅听起来含混不清，而且音量也难以放开。因此，讲话的时候使共鸣器尽量打开，让声音产生共鸣，也能有效地提高音量。这些发音技巧，应该在平时不断的练习中慢慢摸索经验，当然，请教有经验的老教师或专业演员效果会更好。

（3）语调的控制。语调指讲话时声音的高低升降、轻重缓急的变化和配置。句子都有一定的语调，用来表示不同的语气和情感。在书面语中，语调并不能显示其重要性，但在口语中，语调就显得非常重要了。教师的语调不是一成不变的，应该根据所讲授的内容随时变换。讲到快乐的地方，语调应该上扬；讲到愤怒的地方，情绪很激昂，语调也应该有所变化。换言之，语调与所讲授的内容与教师的情绪是有直接关系的。语调共有以下四种。

第一，高升调。高升调是指在一句话中，语调前低后高，说到结尾处，语气上扬。在疑问句、反诘句和表示愤怒、紧张、警告、号召的句子中，多用高升调。

第二，降抑调。降抑调是指一句话中，语调由高渐低，这句话的最末一个字应该低而短。在念祈使句、感叹句，或者表示坚决、自信、悲愤的感情时，常用降抑调。

第三，平直调。平直调指讲课时，声调无明显的高低变化，语调平直舒缓，适于一般的叙述、说明和表示迟疑、思索、冷淡、追忆、悼念的句子。

第四，曲折调。曲折调的语调由高而低后又高，故意加重、加高或拖长某些音节，用于表示讽刺、嘲笑、夸张、强调、双关、惊异等感情。

语调由于轻重缓急的不同，可以使声音变得抑扬顿挫，这种抑扬顿挫的声音可以用来表示非常细腻的情感变化，教师情感的细腻变化，又可以直接影响学生的听课情绪。

（4）语速的控制。语速指讲话的速度。语速因人而异，有人说话速度非常快，有人说话速度就比较慢。语速还与所说的内容有关：讲非常紧急的事情时要快，叙述比较长的故事时可以慢一些。教师的语速对课堂教学效果也有直接影响，如有的教师语速过快，学生还没有听清楚上一句，下一句马上就来了，使学生没有思考的时间。在讲新知识时，这种过快的语速显然不利于学生对新知识的消化理解。有的教师语速过慢，每讲一句都要休息几秒钟，使学生的思维始终处于疲散等待的状态，大脑皮层不能形成兴奋中心，不能产生主动学习的愿望。还有的教师整节课都用同一种语速讲课，由于语速缺少变化，久而久之，会使人产生昏昏欲睡的感觉，学生的注意力也容易分散。语文教师应该根据教学内容及时调控自己的语速，使整堂课的节奏呈现快慢不同的变化，通过语速的变化吸引学生的注意力。

（5）语气的控制。语气也叫"式"，属语法范畴之一。通过一定的语法形式表示说话人对行为动作的态度。教师讲课时，根据所教内容和教学目的的不同以及学生接受能力和教师表达的情感不同，语气也应该有所变化，有时说话的语气轻盈舒缓，有时凝重深沉。根据说话时的语气不同，人们把句子分为陈述句、疑问句、祈使句和感叹句。

陈述句是叙述或说明事实的具有陈述语调的句子。它有时可以带语气词"了""的""呢""罢了""嘛""啊"等。说陈述句时，语气应该是平和的，不轻不重、不急不缓，有的时候句末语气可以稍降。

疑问句是具有疑问语调，表示提问的句子。它有两种形式：一种是有疑而问，叫询问句，如"今天是星期几"；另一种是无疑而问，叫反问句。在说疑问句时，语调是不可或缺的，疑问句的结尾处语调一定要上扬。同时，在疑问句中，疑问词和语气词有时也是必要的。读反问句时，句末语气要说得重一些、急一些，一般应该上扬。

祈使句是要求对方做或不做某事的句子。它可以分为两大类：一类是表示命令或禁止的，因为这样的句子一般都带有强制性，言词比较强硬、坚决，所以读的时候宜用重而急的语气；另一类是表示请求、劝阻的，包括请求、敦促、商请、建议、劝阻等，有同对方商量的意思，读的时候可以用次重或者舒缓的语气。这两类句子在语气上都应该用降抑调。

感叹句带有浓厚的感情色彩，用来表示快乐、惊讶、悲哀、愤怒、厌恶、恐惧等浓厚的感情。读感叹句时，一般用降抑调，在语气上，多用较重和缓急交替的语气。

读课文要根据内容变换语气，讲课也一样，应根据所讲的内容，不断变换语气，使教师的语言生动丰富，避免呆板、单调。

（6）停顿的控制。停顿指说话或朗读时，段落之间、语句中间出现的间歇。停顿得正确与否，对理解内容有直接影响。例如，公园锻炼的人群中老年人居多。这句话有两种停顿方法：一种是"公园锻炼的人群中，老年人居多"；另一种是"公园锻炼的人群，中老年人居多"。由于变换了停顿的位置，两种读法表示的内容就不一样了。停顿分为语法停顿和逻辑停顿两种。

语法停顿是从语法的角度设置的停顿。语法停顿往往和词、短语或句子直接联系，其中较显著的停顿都用标点符号表示出来。标点符号包括标号和点号两部分。标号有九种：破折号、括号、省略号、书名号、引号、连接号、间隔号、着重号、专名号。点号有七种：句号、问号、感叹号、逗号、顿号、分号、冒号。

点号主要表示语句中的各种停顿，有的兼表语气。标号标明词语或句子的性质和作用。问号和叹号是点号，也兼属标号：就它表示问句、感叹句末尾的停顿而言，是点号；就它表示疑问、感叹的性质而言，是标号。有的标号，如破折号、省略号、间隔号，也兼有表示停顿的作用。

下面以点号为例，说明它们应该停顿的时间长短：段落>句号、问号、感叹号>分号、冒号>逗号>顿号。换言之，顿号的停顿最短，逗号较长，分号和冒号又较逗号为长，句号、问号、感叹号的停顿较分号为长，章节段落之间的停顿还要更长。根据标点符号采取不同停顿，可以使说话顿挫有度，语意层次分明。

逻辑停顿是为了突出某一事物，强调某一观点，表达某种感情，虽然在句子中没有标点符号，但也必须做适当的停顿。例如，指点/江山，/激扬/文字，//粪土/当年/万户/侯。///（其中单斜线表示短暂的停顿，双斜线表示稍长的停顿，三条斜线表示更长的停顿。）

（7）重音的控制。重音是指在语句中念得比较重，听起来特别清晰的音。重音因为延续的时间比较长，音域也比较宽广，读音的强度也较其他字音要重，所以听起来有特别强调的意味。在句子中，重音可以分为两种：一种是按照语法结构的特点而重读的，叫语法重音；另一种是为了突出句中的主要思想或强调句中的特殊感情而重读的，叫逻辑重音。

语法重音是根据句子中的某些语法成分，把某些字或词读成重音。例如：①谓语中的主要动词常常读重音；②表示性状和程度的状语常常读重音；③表示状态或程度的补语常常读重音；④表示疑问和指示的代词通常读重音。

教师在使用有声语言教学时要注意以下三点：一要看教学内容；二要看教学对象；三要根据自身的特点，灵活运用语言。因为教师的语言对学生有示范作用，所以教师应该努力提高自己的教学语言水平，争取使语文课上得生动活泼。除有声教学语言之外，在课堂上还要运用一些无声的教学语言。

（二）无声语言

教师的无声教学语言，指教师为配合讲课，用手势、姿态和表情来表达信息的一种形体语言，也称为体态语。体态语虽然有形无声，但同样可以起到传递信息的作用，也是教学语言的一部分。

1. 无声语言的特性

（1）直观性。无声教学语言是一种视觉语言，只要学生注视教师，教师的一举一动就会直观地显现在学生面前，给学生留下深刻的印象。伴随着讲课的内容，教师适当地加上无声语言的配合，会加深学生对所学内容的理解。

（2）表情性。无声的教学语言既有表义性，也有表情性，人们可以从某人的表情、眼神、姿态等体态语中看出这个人内心世界的微妙变化。换言之，一个人可以言不由衷，但是他的体态语会把他的内心世界暴露无遗。

2. 无声语言的分类

无声教学语言是形体语言，根据形体部位的不同，无声教学语言大体上可以分为面部语言、眼神语言、手势语言和姿态语言四种类型。

（1）面部语言。面部语言即人的面部表情所表达的信息。在课堂上，面部表情是指教师通过面部肌肉的运动表达或辅助表达有关课堂教学信息的活动。面部是一个人内心世界的荧光屏，从一个人的面部表情可以看出他的心灵、思想、情绪等。按照中医的观点，一个人的面部汇聚了五脏六腑之精气，是肺腑的外窍。人的喜、怒、忧、思、悲、恐、惊七情都可以通过面部语言表现出来。

最适宜在课堂运用的面部语言是微笑。微笑不仅能使教师的肌体放松，减轻紧张、压抑的情绪，使教师看起来精神焕发，而且这种由微笑表现出来的自信、乐观、向上的态度也会感染学生，使课堂气氛活跃，使学生乐于配合教师共同完成学习任务。当学生取得成绩时，用微笑鼓励学生固然重要；当学生失败时，用微笑鼓励学生更为重要。教师的一个微笑能使学生产生继续前进的勇气，有时会比批评学生效果来得更好。

微笑会牵动面部很多器官一起运动，微笑可以有很多种变化。如：①眉毛轻扬，嘴角向上，鼻孔开合程度正常，微笑——表示有兴趣；②眉毛平，嘴角平，微笑——平时常用表情；③眉毛平，眼平视，微笑——表示不置可否、无所谓；④眉毛平，视角向下，微笑——表示略带蔑视；⑤眼睁大，眉毛上扬，嘴略开——表示快乐、高兴；⑥眼睁开，眉上扬，嘴角平或微微向上，微笑——表示兴奋、幸福、暗喜。

（2）眼神语言。眼睛是心灵的窗口，眼神是面部最有表现力的部分。眼睑、眉毛等的活动可以引起眼睛大小的变化，通过这种外在的变化可以判断人的内心世界。尤其是瞳孔的变化，更可以用来观察人的内心世界。瞳孔的变化是靠瞳孔四周可以收缩的圆盘状组织调控的，这种调控是由瞳孔开大肌执行的，因此，人类不能随意控制自己瞳孔的大小，于是内心的秘密就由瞳孔泄露了出来。

教师可以用眼睛控制课堂，学生也可以从教师的眼神中体会到非语言表达传出的信息。在正常讲课的情况下，教师应该把目光投向靠近讲台三分之一处的学生，用眼睛的余光照顾后面三分之二的学生以及左右两旁靠墙坐着的学生，使所有学生都感到教师在用眼睛注视着自己，必须认真注意听讲。使用眼神语言时忌讳教师把眼光长时间盯在教室的某一角落，让学生误以为那里发生了什么事情；也忌讳把眼睛一直盯着窗外，引得学生跟教师一起看窗外的风景；还忌讳一直抬头看着天花板讲课，或者只顾低头看自己的教案等，因为这样做，不仅达不到用眼神语言唤起学生认真听课的目的，反而会使学生精神涣散，影响听课的效果。具体而言，教师的眼神语言有以下三种。

第一，环视法。环视法是针对全班学生使用的一种方法，教师可以在适当时机环视一下全班同学，使每个人都感到教师在用眼睛与自己交流。如果有个别没有注意听讲的学生，当教师环视的目光扫过自己时，也会悄悄地停止手中的小动作，及时进入听课状态。

第二，注视法。注视法是针对某个学生使用的方法。当学生起立发言时，教师应该摒弃所有的语言和动作，全神贯注地听学生的发言，同时眼睛要注视发言的学生，用眼神与该学生交流，这不仅是教学的需要，也是对学生发言的尊重。

第三，点视法。教师可以不时地把视力的焦点对准某一学生，有时虽然仅仅是匆匆一瞥，但也足以让那些开小差的学生收回自己的注意力。由于没有语言的批评就能唤起学生听课的注意力，所以是比较有效的调控课堂的方法。

（3）手势语。手势语是指由手掌、手指、手腕、手臂共同协调完成的动作。手势语是无声语言中最有表现力的语言。

根据手臂活动的位置，手势语可以分为上、中、下三区。上区指手臂在肩部以上活动，一般用来表示希望、胜利、喜悦、祝愿或抗议等比较激烈的感情；中区指手臂在肩部至腹部这一带活动，一般用来表达叙事、说理等较平缓的情绪；下区指手臂在腰部以下活动，用来表示否定、鄙夷等情绪。教学中用的手势，以中区的平稳活动为主。

手势语有单式与复式两种，用一只手做的叫单式，双手共做的叫复式，复式手势语显得更有力度。用哪种手势语应该考虑表达内容的需要。在课堂上，单式的手势语使用得较多。根据手势语表达内容的不同，手势语可以分为四种。①象征手势：教师的手势具有某种象征意味。②象形手势：教师用手势语描摹某种动作。③指示手势：教师用手势语指示学生做什么事情的动作。如手心向上，手向上抬，是指示学生站起来发言。相反，手心向下，手向下压，是在学生发言过后，请他坐下的意思。如果教室比较嘈杂，教师也可以借用球场上叫暂停的动作，学生也能明白教师的意思。④情意手势：教师用这种手势表达自己的情感。课堂中的手势语很多，以上只是举几个简单的例子，教师可以根据教学内容设计相应的手势语。

（4）姿态语。姿态语是通过教师的身体姿态传达给学生的语言信息。姿态语有站姿语、坐姿语和步姿语三种表现形式。

第一，站姿语是指教师讲课时站立的姿态所表现出来的信息。正确的站姿应该是上肢挺直，腹部微向内收，下肢稍微叉开，正所谓"站如松"，这种站姿会给学生以虎虎有生气的感觉。如果教师站在讲台上弯腰塌背，就会给人以萎靡不振的感觉。

第二，坐姿语是指教师的坐态表达出来的信息。一个比较谦虚、庄重的人，坐姿应该端正，上身挺直，腰不要弯曲，坐在椅子的前半部分即可。不正确的坐姿是：后背懒散地靠在椅背上，两条腿分开，伸出很远。这是一种全身极端放松的坐姿，也是非常随便的坐姿。这种坐姿在课堂上显得不文雅。

第三，步姿语，教师走动的步态不仅表现了教师的风度和精神面貌，而且可以传达一定的信息，这就是步姿语。教师不可能站在讲桌前一动不动，根据需要，可以适当地走动，促进师生的交流，缩短教师与学生间的距离。教师在课堂的走动要有限制：①不能走动得太频，整节课都在教室里来回踱步是不合适的；②不能走动得太快，以缓步为宜；③走动时脚步的声音不能太大。总而言之，以不影响学生的听课为标准，做适当的走动是可以的。走动时还要注意：不要走到教室的最后排，并且站在那里讲课，这样会影响全班学生的听课；在学生做练习或者答卷时，不要因为走动而分散学生的注意力；在讲台上走动时，注意不要挡住刚写在黑板上的字，以免影响学生记笔记。

无声教学语言的运用要注意含义明确，例如让学生站起来回答问题，还是让他坐下去，教师的手势语要明确。用眼神提示学生做什么，也要以学生能理解为原则。无声教学语言的使用要繁简适度，不可以过分夸张，以朴素自然、潇洒优美为好。

二、中学语文组织课堂教学的艺术

掌握课堂调控艺术是组织课堂教学的基本功。教师在认真备好课以后，上课时还要根据学生的实际情况，随时组织课堂教学。在班级集体授课制中，一个班级有四五十名学生，每名学生的兴趣、爱好、掌握程度、接受能力都有很大的差异，教师面对这些差异，要调控好课堂，使全班同学都能带饱满的热情听好整节课，这确实是一门艺术。

（一）课前准备

为了把课上得更好，必须有充分的课前准备，它包括两方面：一方面，是教师的课前准备；另一方面，是学生的课前准备。

教师的课前准备工作包括在认真钻研课文的基础上，写出教案；准备好上课所用的教具；如果利用多媒体教学，在上课前应该把所用的设备调试好；把自己的情绪调控到最佳状态，带着饱满的热情去讲课；提前两三分钟到教室，组织学生做好上课的准备。

学生的课前准备是，打预备铃后，迅速回到自己的座位上。如果学校没有上课的预铃，应该自觉地在上课前两分钟回到班级，然后做三件事：一是把自己的兴奋点从课间休息状态迅速调整到准备上课的状态，此时不能再与别的同学说话或打闹；二是把本节课需要的教科书、文具、笔记本等准备好，摆放在桌子上，需要时能迅速拿来使用；三是默想上节课老师讲了哪些内容，以便上课伊始就与教师的导语迅速接轨，进入新内容的学习。这些准备工作，教师一定要督促学生去做，一旦形成了习惯，就可以省去上课之初组织课堂纪律的工作，使学生迅速进入学习状态，充分利用课堂时间。

（二）导课环节

中学语文课堂教学中的导课环节，是整个教学的有机组成部分，其重要意义不可忽视。

1. 导课的要求

导课的根本目的是想方设法把学生的注意力吸引到课堂上来，为下面的学习做好心理准备，奠定良好的教学基础。所以，艺术性的导课一般应满足以下要求。

（1）目的明确，针对性强。虽然从根本上说，导课的目的是吸引学生的注意力，但是具体到每一堂课的导入，又有了更具体的目标。

（2）简洁明了，恰到好处。由于一堂课的教学时间有限，导课又不是授课的重点，所以不易在课的开头花太多的时间。冗长、啰唆、不得要领的开头，不但没有美感，更不能取得良好的教学效果。艺术性的导课，必须争取在较短时间内，用最精练的语言，达到事先要达到的目标。

（3）新颖有趣，能吸引人。根据心理学的研究，新颖刺激可以有效地强化学生的感知，吸引学生的注意。因此，具有新颖性的导课能够引起学生兴趣。

2. 导课的形式

长期从事教学的教师，创造了多种多样的导课艺术的形式和方法，可以总结如下几点。

（1）温故导课。温故导课的具体做法是通过温习以前学过的知识，带出新内容来。这种方法的好处是，可以把以前所学的知识和新内容有机地联系起来，更重要的是能使学生对新内容有亲切感，很快地把注意力集中到新课上去，它适用于与以前所学知识有密切联系的内容。

（2）释题导课。释题导课就是教师通过具体分析、解释课铺垫。值得注意的是，并不是所有的课题都能用释题导课的方法，只有那些能够引发学生思考的课题才能取得艺术性的效果。

（3）激情导课。激情导课就是指教师用生动的、极富感情色彩的语言，营造一种情绪氛围，从感情上叩击学生的心弦，使学生自觉地进入学习的轨道。这一方法取决于教师的情感表达能力和教学内容的情感性。此方法使用不当，可能会适得其反，导致虚张声势、夸大或弱化情感，可能会适得其反，使学生反感。

（4）设疑导课。设疑导课是利用思维对问题的敏感性，在导课的时候精心设计悬念，诱发学生的探究心理，调动学生思维的积极性。因任何一门课程都可以找到问题设疑，所以这一导课方法的适用范围较广，常为广大教师使用。

（5）故事导课。就是采用寓意深刻又幽默轻松的故事，把抽象的内容以浅显的形式引出来。故事导课所用的故事宜短忌长。故事要能说明问题，而且教师在讲述时，要目的明确，引导分析，不能使学生的注意局限于故事本身。

（6）创境导课。教师在导课时根据教材特点，创设一定的情境，渲染课堂气氛，让学生置身于特定的情境之中，自然从情绪上过渡到新课上来。创境导课的情境一定要精当，真切感人，能够触动学生的心灵深处，启发他们的想象。因此，这一方法对教师素养的要求也就比较高，需要教师具备编剧的本领、导演的才能和演员的素养，才能成功导入教学。

（7）演练导课。在上课的伊始，教师通过展示挂历图、实物、标本、模型，或做一些启发性强的实验、练习，使知识直观形象地进入学生头脑，把学生的注意力导入新课。此方法因其实践性强，又大多关系到师生双方，所以也常为教师所采用。但须注意，直观演练须与语言讲授相结合，教师与学生共同参与，效果才能较为理想。

（8）机变导课。指有时在课堂教学之前，突然发生或出现了有利于设计导课的事件或情景，教师注意充分利用，即兴应变，以调动学生学习新课的主动性和积极性。机变导课要求教师具备机智灵活、沉着应变的能力，才能把握时机、因势利导，成功地进行导课。

（9）幽默导课。就是根据教学内容的特点和需要，使用幽默手段导入新课，增强教学的趣味性，吸引学生的学习兴趣。

（三）讲授艺术

讲授是传统的课堂教学方法，它由教师讲解知识，并以教师的叙述和说明来达到教学目的。讲授法是使用最普遍、最久远的教学方法，在提倡课程改革的今天，讲授法虽不如以前那样重要和普遍了，但仍不失为一种比较好的教学方法。

1. 讲授的优势

（1）知识容量大：教师可以用寥寥数语讲清楚一个问题，能在较短的时间内传授较多的内容，而且能够保证知识的系统性和深刻性。因此，这也是最经济的教学方法，它的成本比较低，可以不受教学设备的限制。由于这些特殊的长处，所以尽管在提倡学生自主学习的今天，课堂上仍然不能完全抛弃教师的讲授。

（2）能较好地发挥教师在课堂上的主导作用，充分展示教师对知识的理解和语言运用方面的示范作用，同时有利于教师组织课堂教学活动。

（3）讲授法面对的是全体学生，在班级集体授课制下，能最大限度地调动全班学生的学习积极性。

（4）由于教师的讲授比较有条理，有助于学生记课堂笔记，能提高学生记笔记的能力。因此，记笔记的训练在中学阶段就应该加强。

2. 讲授的适用

讲授法在如下场合，可以适当运用：介绍教学目的、教学要点、注意事项时；介绍作家作品或时代背景时；讲解课文的重点、难点时；讲解补充教材中没有的内容时。

由于课程改革提倡学生自主学习和研究性学习，上述传统中由教师讲授的内容，现在也可以由学生来完成。例如介绍作家作品或时代背景，可以布置给学生课前通过网络或图书馆查找相关的资料，培养学生搜集资料的能力。因此，学生可以自己动手搜集的相关信息，教师就不必用讲授法包办了。

教师讲授的内容一定要紧凑连贯，如果采用漫谈式，就失去了讲授法自身经济、系统、深刻的优点，也失去了教师语言的示范作用，不能展示教师对课文的深刻理解了。教师的讲授还要求能够深入浅出，生动形象。要做到深入浅出，教师必须在备课时多努力，深入理解教材，才能在课堂上自如地驾驭教材。教师平时还要注意积累与教材有关的材料，同时注意使用恰当的教学方法。所谓生动形象，是指教师的语言表达要有吸引力，既典雅又诙谐，既严肃又幽默，既科学又形象，能时时调动学生的注意力，使学生始终处于良好的心理状态中，达到乐学的境界。

讲授法不能作为唯一的课堂教学方法，必须辅之以其他教学方法。例如讲授一段以后，应该通过提问了解学生对刚才所讲的内容是否全部理解了；还可以通过练习巩固教师所讲内容；也可以由学生上台讲课，展示学生对知识的理解和运用能力。

3. 讲授的形式

讲授有讲述、讲解、讲读和讲演四种基本类型。这里面不仅包含了教师的讲，也包括了学生的学，因为在课程改革后，特别强调学生的主体作用，强调学生的主动学习。因此，下面所列讲授的基本形式中，也不时穿插了学生的学习活动。

（1）讲述。讲述是教师对教学内容进行的生动的叙述或形象的描绘。它分为叙述式和描述式两种。叙述式常用于叙述时代背景、人物关系、故事梗概、写作方法、重要史实等。叙述式要求交代清楚、明白，要点分明，忌旁逸斜出，使学生不得要领。

（2）讲解。讲解是指教师的讲授主要采用对教材内容进行解释、说明、阐述、论证的方式，说明事理，阐述知识的本质，论证课文中的逻辑关系，达到传授知识的目的。讲解和讲述的不同点在于：讲述偏重讲事，侧重对学生形象思维能力的训练；讲解偏重说理，侧重发展学生的逻辑思维能力。讲解的常用方式有三种。①解说式：它是运用学生熟悉的事例，引导学生从情境中了解概念，通过教师的解说，使学生把已知与未知联系起来，从而了解事物的特征。②解析式：它是利用归纳推理或者演绎推理的办法，让学生了解和分析事物的规律、原理和法则，偏重对学生逻辑推理能力的培养。③解答式：它以解答问题为中心，带领学生探索思考题、智力测验题、自然现象、社会生活中的实际问题，着重培养学生分析和解决问题的能力。

（3）讲读。讲读是把讲解和阅读材料有机结合起来的一种教学方法，以讲导读，以读助讲，讲与读两者相辅相成。它是语文教学的重要方法之一。它包括范读评点式、词句串讲式、讨论归纳式、比较对照式和辐射聚合式五种方式。

第一，范读评点式指教师和优秀学生分段范读课文，范读一段，点评一段。这种方法多用于古文教学。当然，在典范的现代文章中，也可以一段一段地范读加点评。使用范读点评可以更精确地使学生理解文中的精彩词句，并且能够随时对精彩的地方发表自己的见解，有利于培养学生的语感和分析能力。但在使用中应该注意，最好先通读全文，在了解全文脉络的基础上，再一段段点评。

第二，词句串讲式，这是文言文教学的传统方法。"串"是串通句义，强调通文义；"讲"是解释学生不理解的字、词、句，强调字字落实。串讲法的基本步骤是：第一步，先划分串讲单位，可以是一句话或者一个句群；第二步，由教师范读或学生试读一个串讲单位，使全体学生对将要串讲的内容有一个整体了解；第三步，引导学生自学，通过看注释或查阅工具书，试着自己解决疑难问题，自己不能解决的，可以作为疑问提出来；第四步，由教师或学生讲解，弄清字、词、句的意思及有关典故；第五步，串讲，把原文翻译成现代汉语，贯通文义，获得对一个串讲单位的整体印象；第六步，朗读全文并从整体上理解全文。

串讲法一般采用"读—讲—串"的方法，在使用时，应该先讲实词，再讲虚词和句式。在比较简单的地方，可以让学生试串，尽量避免出现教师一串到底、满堂灌的现象。讨论归纳式是在容易引起学生思考、学生有探究愿望的地方提出讨论题，让学生充分发言后，教师进行归纳总结。使用这种教学方法应该注意选准讨论点，那些与主旨有密切联系，或者学生疑惑不解的地方都可以讨论，但注意不要离题太远。在讨论时，教师要把握课堂节奏，不能无休止地讨论下去；在学生争论不休的地方，教师应该适当点拨；当学生的讨论已经离题时，教师要及时把学生引入讨论的正题中；讨论还应该有一定的时间限制。这些过程在教师设计讨论时，都应该事先考虑好。

第三，比较对照式，有些课文学习完了之后，可以将文中的人与人、事与事、物与物进行比较，在同中求异或异中求同的过程中讲授知识，进行思想教育。

第四，辐射聚合式，这种方法是把讲读过的课文与文体相近、主题相近、写法相似、题材相同的课文进行比较研究，然后聚合成知识体系。

（4）讲演。讲演是讲授的最高形式。它可以由教师讲演，也可以让学生讲演。讲演者要系统全面地描述事实，进行理论阐述，通过分析、比较、概括、推理等方法做出科学的结论。讲演能培养学生正确的世界观和方法论。因为讲演比一般课堂发言难度要高，所以适于在高年级开展。

（四）课堂提问

1. 课堂提问的作用

（1）增强师生间的联系。提问给了学生参与课堂讨论的机会，使学生得以发表自己的见解和看法，在师生问答的过程中，增进了相互间的交流，把师生间的认识和情感紧密联系起来，架起师生间双向沟通的桥梁。

（2）激发学习兴趣。提问可以集中学生的注意力，激发学生的学习兴趣。设计得好的提问，能够启迪学生的思维。良好的思维习惯就是从不断提问中培养出来的。教师的提问给学生创造了思考的机会，在回答问题的过程中，学生的思维能够不断得到深化。

（3）锻炼口语表达能力。学生回答教师提问时，一般比较注意自己的表述是否清楚，如果学生的回答有表述不到位或者语言组织混乱的地方，教师应该随时予以纠正，这样可以锻炼学生的口语表达能力。

（4）提供课堂反馈。提问向教师提供了课堂反馈，通过提问和答问，使教师能及时了解学生的学习情况，随时调整自己的教学内容；学生也可以通过提问，了解教学重点，知道自己哪些地方还没有学明白，从而注意听讲。因此，提问也是组织课堂教学的方法之一，恰当地利用提问，可以取得更好的教学效果。

2. 课堂提问的设计

（1）创设问题情境，激发学生的思考兴趣。语文教学中，常常要用形象思维思考问题，教师根据课文内容，适当创设有利于学生形象思维的问题情境，再设置恰当的提问，可以引起学生思考的兴趣。

（2）在最关键的地方设置问题：课堂提问虽然能够调动学生的学习积极性，但应避免质量不高的"满堂问"。教师一定要选准发问的切入点，在最关键的地方设置问题。最佳发问点有三种：一是理解教材的关键处；二是学生认知矛盾的焦点处；三是貌似无疑实则有疑之处。

（3）提问的设计要有一定的难度与坡度。课堂提问的设计要遵循"最近发展区"原则，提问时要考虑学生的学习水平，设计的问题应该是学生经过一定的思考后才能够回答出来的。如果对高三的学生问"什么是拟人"，他们会因为问题太简单而不屑于回答。如果对初一的学生问"什么是戏剧创作的'三一律'"，他们又会因为问得太难而无从思考。因此，过于简单或者过于艰深的问题都是不合适的。教师设计的提问应该在学生原有水平的基础上，有一定的难度和坡度，这样才能引起学生回答问题的兴趣。

（4）在提问中发展学生的创造性思维能力。课程改革强调培养学生的思维能力，强调尊重学生在学习过程中的独特体验。在发展语言能力的同时，发展思维能力，激发想象力和创造潜能。课堂提问给学生发展创造性思维能力提供了一个平台。创造性思维不遵循现成的思维模式，而是经过自己头脑的认真思考后，另辟蹊径，表现了很强的探究能力。

3．课堂提问的过程

（1）发问。发问即教师提出问题，要求学生回答。教师在课堂上提问，要掌握以下要点。

第一，掌握好发问的时机。当学生处于孔子所讲的"心求通而未得，口欲言而不能"的"愤悱"状态时，就是教师发问的最好时机。因为此时学生有寻求问题答案的愿望，他们的大脑正在积极思考问题，此时提问，效果最佳。

第二，顾及发问的对象。教师的提问应该是面向全体学生的，而不应该只对少数人发问。在课堂上常会出现如下现象：有些积极发言的同学一节课有好多次回答问题的机会，而那些不爱发言的学生，很少在课堂上回答问题。长此下去，就会形成课堂上少数人积极、多数人消极的状态，不利于调动全班同学的积极性。

第三，提问要顾及所提问题与学生的实际水平。那些相对容易的问题，可以让学习较差的同学回答；比较难的问题，可以让学习成绩好的学生回答，或者先让成绩较差的同学回答，再让成绩稍好的同学补充。这样做使大多数同学都有了发言的机会，使大家都觉得在这节课上自己有所收获。

（2）回答。教师提出问题后，要给学生留出一定的思考时间，这段时间是等待学生回答问题的时间。如果问题不是很难，一般留出三秒左右的时间即可。学生站起来回答问题时，可能对问题理解得不是很到位，也可能没有听清教师的提问，教师此时不能讽刺挖苦学生，而要循循善诱，启发学生积极思考。如把刚才的问题再重复一遍，或者把比较难的问题分解成几个小问题，或者转换一下问的角度，或者加以适当点拨。这些做法都能帮助学生积极思考，想办法找出问题的答案。

（3）总结。学生回答问题以后，教师一定要总结一下。教师的及时反馈非常重要。按照一般的学生心理，学生回答完问题以后，都希望能及时了解教师对自己所答问题的评价。有材料表明：教师针对学生的回答给予及时的评价，能起到强化、促进学生学习的作用。假如学生回答完问题，教师不置可否，学生的成绩就很少能够进步。

课程改革以后，教师对学生的批评少了，肯定赞扬的多了，这是好的。但是，也要防止只表扬不批评、只肯定不否定的倾向。学生的回答不可能都是对的，如果答错的地方也一味地肯定、表扬，就会在学生头脑中造成混乱，分不清对错。所以，在充分肯定学生回答中的合理部分后，对不正确的地方应该明确地指出来，而不要笼统地称赞"回答得很好"。

另外，教师对待提问的态度直接影响学生回答问题的积极性。教师提问时要有良好的心态，不能表现出不耐烦、急躁、训斥、责难的态度，这样只能使学生感到慌乱，很难流畅地回答问题。教师应该是亲切的、和蔼的、有耐心的，时刻用鼓励的眼神期待着学生的回答。当学生的回答出现不同意见，教师应该允许学生把话说完。如果教师的理解有误，应该及时向学生道歉。

（五）调控节奏

目前，中学课堂每节课的上课时间是 40 或 45 分钟。在这几十分钟内，课堂的节奏不可能是一成不变的：它有时慢，有时快，有时是高潮，有时是低谷。影响课堂节奏的原因有很多，如教师的教法、情绪，学生的注意力、兴趣，讲授内容的深与浅，甚至天气的好坏。为了达到教学最优化的目的，调控课堂节奏是一个不容忽视的问题。

1. 学生学习心理影响课堂节奏

学生在课堂上学习知识，第一步是获得信息，获得信息的内部条件是必须有明确的学习目的，同时要保持注意力高度集中，这样才能把教师所讲的知识真正学进去，学懂、学好。很难设想一个上课漫不经心、注意力涣散的学生能够保证高质量的学习。换言之，学生在学习成绩方面所表现出来的显著的个别差异，并不完全因为他们先天的禀赋不同，更重要的原因是他们学习时的注意力不同。学习成绩的优劣，不单纯地决定于学习的次数和时数。提高学习效率的关键在于他们是否能专心致志地学习。

但是，人在感知某种事物时，注意很难保持长时间固定不变。经过 15～20 分钟的注意后，注意就会发生起伏，导致注意不随意地离开注意的客体。据调查，一名中学生，上课之初的 15 分钟内，可以保持注意力集中，接着就因为生理疲劳，而导致注意力涣散，大约 5 分钟之后，又可以保持 10 分钟左右的注意力高度集中，最后，在下课前的几分钟内，还可以有第三次注意力高度集中。了解了中学生的心理特点之后，教师就要事先计划好，每隔 10～15 分钟就在课堂上变换学习活动的方式，因为新奇的刺激能够再次唤起学生的注意。

2. 教师教学艺术影响课堂节奏

教师上课，应该胸中有一套图纸：这节课要讲哪些内容，要练哪些内容，要复习哪些内容，新旧知识之间怎样互相连接，怎样对学生进行德育教育，都要有一个通盘的考虑。同时，要考虑根据学生的心理和生理特点，应该在何时、用怎样方式掀起课堂教学的小高潮，怎样把握一节课的节奏。

根据中学生注意的保持只有一二十分钟的特点，课堂节奏可以出现三次小高潮。第一次小高潮应该在上课之初 15 分钟内。首先导语部分就要一下子抓住学生的心。在第一个高潮时，教师应该抓紧时间让学生学习新知识，如对新课文的整体把握，对课文背景知识和作者情况的了解等。然后，学生的注意力就可能发生转移，需要大脑换一种方式工作，或者休息一下。这期间可以安排学生进行一些诸如朗读练习之类的活动，也可以给学生讲点与课文相关的轶闻趣事。生动形象的故事常常可以引起学生的无意注意，使大脑皮层得到放松和休息。常常可以看到两三分钟简单的导语之后，有些学生还没有真正进入听课状态，教师就布置全班同学用 10 分钟左右时间默读全文。全班学生默读课文时，课堂显得比较沉闷，有些同学并没有认真默读课文，而是趁机开了小差，课堂的第一个高潮没有形成，整节课都显得比较散。教师还是应该抓住课堂的第一个小高潮，在开课后的 15 分钟内，让学生充分兴奋起来，注意力集中起来。

课堂教学的第二个小高潮应该在上课后 20~30 分钟之间。经过第一个小高潮后的暂时调整，学生又可以精力比较集中地进入学习状态。此时可以安排学生讨论，就课文的要点发表自己的看法和意见。在讨论中，有时会发现学生求异思维的火花，教师可以利用学生在这段时间内表现出来的思维积极活跃的特点，促使其高效率地深入理解课文。然后，对学生的思路进行归纳总结。学生的注意力渐趋平静，进入了课堂节奏的第二个低谷。

课堂教学的第三个小高潮是在下课前 5 分钟左右，此时宜于通过练习加强新旧知识之间的联系，使所学知识变为学生的语文能力。在下课前的 1 分钟内，应该对本节课所学知识进行归纳总结，给学生一个完整的印象。

所有的学科都教无定法，语文学习也不例外。不可能有一种固定的模式能够涵盖所有语文课的教学，因为课文之间有很大差异，教师的教学风格有很大差异，学生也有很大差异，每节课的教法自然也有很大差异。换言之，教学有一定的理，但没有一定的法。关于如何调控课堂的节奏，我们只谈一般的原理。教学艺术的基本原理是寓变化于整齐之中的。懂得了基本原理之后，能否上好语文课，要靠教师心灵的妙运。语文教师必须不断加强自己的学习和修养，才能逐渐自如地调控课堂教学的节奏，使自己的课越讲越好。

3. 辅助教学手段调控课堂节奏

除教科书之外，教学挂图、工具书、其他图书、报纸、电影、电视、广播、网络、教具等辅助教学手段也可以帮助教师调控课堂节奏。语文教师可以利用这些课程资源，创造性地在课堂上开展一些活动，增强学生学习语文的兴趣，不断在课堂上掀起教学小高潮。上述课程资源，大多是比较形象的东西，形象的事物容易吸引学生的注意力。例如，在学生略感疲惫时展示一幅教学挂图，或者让学生看一段与教学有关的录像，或者引用报纸上的一段文章，都可以让学生精神为之振奋。使用这些课程资源时要注意，不能把它们当作教学的主要内容，而抛弃了对课文的学习。

使用教具进行课堂教学，是教师常用的方法之一，而使用教具也需要一定的技巧。如果刚上课，就把比较新奇的教具摆在讲台上，学生会因为急于知道教师怎么用这个教具，注意力始终放在教具上，而影响了对主要学习内容的理解和注意。因此，教具应尽可能在不引起学生特殊注意的时候拿进教室，先放在讲桌下面，需要时再拿出来，这样能一下子吸引学生的注意。

（六）结课环节

结课是课堂教学的最后一个环节。结课与导语互相呼应，使课堂结构相对完整。优秀的结课应该对课堂教学起画龙点睛的作用。教师还可以利用结课衔接新旧知识，使结课成为课内语文学习与课外语文学习的纽带。结课的方式有很多，具体有以下五点。

第一，利用复习结课。根据德国著名心理学家艾宾浩斯的"遗忘曲线"可知，遗忘的速度有先快后慢的特点。学生在课堂上学习的内容，当堂就会遗忘很多，为了防止遗忘，及时复习就显得非常必要了。结课的时候，把当堂课的内容进行归拢、复习，这是教师经常采用的结课方法。

第二，利用悬念结课。中学生好奇心比较强，设置一定的悬念可以引起他们的好奇。叶圣陶先生曾说过，"结尾是文章完了的地方，但结尾最忌的是真个完了"。教师设置的悬念就是让一节课的教学虽然结束了，但是它并没有"完了"，就像说书人的"欲知后事如何，且听下回分解"一样，激起学生学习下一节课的兴趣。

第三，利用布置作业结课。语文学习一定要配合一定的练习，使语文知识变成学生的语文能力。在课程结束前布置家庭作业，也是结课的一种方式。家庭作业可以是课后的练习题，也可以是教师布置的听说读写练习，还可以是对下一课的预习，形式不拘。

第四，评述式结语。在结语部分对课文中的人物或事件进行评论，引起学生的共鸣，也是加深对课文印象的好办法。

第五，讨论式结语。一节课上到最后，学生都比较疲劳了，教师可以利用讨论做结语，唤起大家的注意。

结课的方式还有很多种，上面所举仅为其中的一小部分。例如对一些适宜朗读的课文，可以安排全体学生在集体朗读中结束课文的学习。如果时间安排得正好，课讲完了，下课的铃声也响了，就可以自然而然地结束课程。具体用哪种结课的方法，在写教案时应该事先考虑好；在课堂上根据时间和课堂上的具体情况，允许改变事先设计好的结语，随机应变地结束课程。

第四节　中学语文课程教学中的评价艺术

一、中学语文课程评价的功能

语文课程评价是课程改革后提出的考查教学工作的办法，它由传统的通过考试选拔"适合教育的儿童"转变为通过课程评价帮助学校"创造适合儿童的教育"，为学生的发展服务。语文考试注重学生学语文的结果，课程评价关注学生学习语文的发展过程，因此，语文课程评价与考试的功能是有区别的。

课程评价不仅要考查学生的学习程度，还要通过评价检验和改进学生的语文学习和教师的语文教学工作，因此，它具有检查、诊断、反馈、甄别、选拔、激励、发展等多种功能，不能只过分强调评价的甄别与选拔功能。通过课程评价能更有效地促进学生的发展和教师的教学工作，能不断调整和完善教学过程，促进教学工作的发展。

二、中学语文课程评价的类型

课程标准中的语文课程评价，不再把分数作为考查学生的唯一标准，它更重视对学生综合素质的评价，重视学生学习语文过程中的情感体验，主张从知识与能力、过程与方法、情感态度与价值观三个维度全面考查学生的语文素养。语文课程评价的类型大体分为以下类别。

（一）多元智力评价

多元智力理论是由美国哈佛大学的发展心理学家加德纳于 1983 年在《智力的结构》一书中提出来的。加德纳认为，人具有九种智力，它们是言语语言智力、逻辑/数理智力、视觉/空间关系智力、音乐/节奏智力、身体/运动智力、人际交往智力、自我反省智力、自然观察智力和存在智力。加德纳的多元智力理论对传统的评价方式提出了挑战。传统评价方式较为关注学生智力方面的发展，而这些智力又被习惯性地认定为以语言能力和逻辑数理能力为核心的整合能力。换言之，传统的智力考试是以学生的语文能力、逻辑能力、数理化能力为主的，只有这几方面的能力强，才算是好学生。按照加德纳的观点，这种评价智力的方式是错误的。一个人可能语文、逻辑、数理化能力不强，但这并不表明此人其他方面的智力也不强。这里就涉及了树立怎样的"学生观"的问题，每个人身上表现出来的智力强项不同，所以每个人都是出色的、独特的。教师的责任是通过评价发现每名学生身上的潜在智力，并帮助他们发展自己的潜能，使每名学生都能从不同角度得到充分发展。

多元智力评价帮助教师树立了新的教育观：教育首先应该是赏识教育，发现所有的学生身上独特的闪光点，赏识他们、鼓励他们，使他们在教师爱的关注下，健康、主动地发展。

（二）综合评价

综合评价是对学生综合素质的考查。它包括学生的学业成绩，还包括积极的学习态度，明确的学习动机，正确的人生观和价值观，独特的创新精神和有见解地分析问题、解决问题的能力等。综合评价摒弃了过去那种以学习成绩为唯一标准的评价方法，转为更加关注人的整体发展，从考查学生学会了什么，到综合评价学生是否学会了学习，学会了在社会上生存，学会了与他人合作，学会了做一个对社会有用的人，在这个基础上，提出了评价学生的多元化指标。

（三）定量评价与定性评价

所谓定量评价，是指用量化的方式描述，评定一个人的发展状况，它的表述方式是通过考试把学生的情况用一组组抽象的数据展现出来。课程改革后，语文课程评价并不排斥定量评价，但是定量评价不再是评价学生的唯一标准，还应对学生进行定性评价。所谓定性评价，也叫质性评价，它更关注学生的个性特点和本质，关注教育中最有意义、最根本的内容，更加全面地描述学生的特点和发展趋势。

（四）终结性评价与形成性评价

终结性评价是对"结果"的评价，它考查的是学生的"过去"。例如，期末考试成绩即为对已经过去的一学期中学生学习结果的评价。形成性评价是对"过程"的评价，评价的重心是学生求知的过程探究的过程和努力的过程。从某种程度上说，它是面向"未来"的评价，它预测的是学生未来的发展潜能。

三、中学语文课程改革后的评价实施

课程改革后，语文评价的变化表现在以下方面。

（一）考试不是衡量学生的唯一方法

语文考试在衡量学生的学业成绩方面，确实起了重要作用，但它不能全面衡量学生的整体状况，例如学生的学习态度、学习动机、学习兴趣等，不能通过考试考查出来。考试反映的只是学习的结果，不能反映学习的过程，也不能反映学生的个别差异。

语文考试过分强调了学生的学业成绩在评价中的作用，取代了对学生的全面考查，导致片面追求分数，追求升学率，使考试变成了教学的指挥棒，忽视了对人的整体素质的培养。这种做法违背了教育方针，也违背了学校教育的根本宗旨。

语文考试把学习的主体——学生排斥在评价过程之外，使考试变成了教师的单边活动，在考试的出题、评卷、试卷分析的全过程中都缺少学生的参与，学生只能消极地、被动地接受教师评出的分数，无法通过考试弥补自己的不足，它对学习的负面影响是许多教育工作者没有注意到的问题。而课程评价增加了学生参与评价的机会，调动了学生的学习积极性，这是一种进步。

（二）当前语文课程评价的改革重点

当前语文课程评价的改革重点主要表现在以下方面。

第一，评价的目的发生变化。语文课程评价不仅是为了考查学生达到学习目标的程度，更是为了检验和改进学生的学习和教师的教学，改善课程设计，完善教学过程，从而有效地促进学生的发展。不应过分强调评价的甄别和选拔功能。换言之，评价的目的着眼于学生的整体发展，而不是通过考试片面追求升学率。语文课程评价的目的是寻找适合儿童的教育，把教学工作做得更好，使更多的学生得到全面发展。

第二，在课程评价的取向上摒弃片面的评价观念，尽可能全面地反映课程的全貌，突出语文课程评价的整体性和综合性，实现评价指标的多元化，从知识与能力、过程与方法、情感态度与价值观几个方面进行评价，以全面考查学生的语文素养。这就是说，语文评价应该涵盖语文教学的全部内容，即包括识字与写字、阅读、写作、口语交际和综合性学习等方面，不能只考查学生的阅读和写作能力。同时，评价也不能局限在对学生的知识与能力的考评上，还应该对产生学习结果的全过程进行评价，既看到学生的智力发展，也看到他们的非智力因素，如动机、兴趣、情感、意志、性格等对学习的影响，重视语文学习具有重情感体验和感悟的特点。

　　第三，对于评价的手段，在注重形成性评价和终结性评价的同时更强调形成性评价，强调对学生学习过程的评价。可以利用设立"成长记录袋"或者建立"语文学习档案资料"的方式，收集学生平时的表现，把学生在学习语文过程中表现出来的生动活泼的个性特点和努力的程度记录下来，综合地描述学生的成长与进步。

　　第四，评价主体发生了变化。由过去的教师评价为主，变为教师评价、学生自我评价和相互评价、家长评价三方面结合，实现了评价主体的多元化。在评价的过程中，充分尊重学生的个体差异，促进每名学生的健康发展。同时，强调评价的方式应该是多样的，避免只用考试这一种方式评价学生。

第六章
中学语文教学模式的创新思维进阶

第一节　中学语文的主体参与式教学分析

　　主体参与式语文教学是现代教学理念的具体体现，主体参与的概念是建立在主体性、发展性教学这些概念的基础上的。厘清这一概念的内涵是进行主体参与式语文教学探索的基础。《现代汉语词典》中对参与的解释是"参加"，即"加入某种组织或某种活动"。"主体参与就是在一定的主体意识、主体精神、主体能力的前提下，进行着认识活动和实践活动的人的行为。"① 教学中的主体参与就是学生作为具有自为性、可为性与作为性的主体，对教学在自己角色上的一种主观能动性行为。主体参与也是学生在教学活动中人的自主性、能动性、创造性与社会性的体现。

　　学生主体参与就是指学生在教学活动中的投入，是学生作为主体而发出的参与行为，即是说学生作为学习和发展的主体，在教学全过程中主动、创造性地参与学习活动并达到一定的质和量。所谓"质"，是指学生主动参与学习的程度。可分为三个层次。①浅层次参与。浅层次参与是学生的感性参与，是学生从依赖性向主动性转化的起点，是实现后两级参与的基础。②中等层次的参与。中等层次的参与即为理性的参与，从感性参与走向理性参与，学生的思维已具备独立性和自觉性，表现为有目的、有意识地去认识世界。③深层次参与。深层次参与是创新性的参与，表现为学生善于探索，勇于实践，敢于求新、求异。主体参与的"量"指在教学过程中学生参与的时间和机会，它是"质"的保证。

　　主体参与式教学，就是在教师的引导下，学生进入教学活动，自主地、主动地、创造性地完成教学任务的一种倾向性表现行为。主体参与式教学实质上是在教学中解放学生，使学生获得主体性的发展。具体而言，就是学生作为主体参与课堂教学的全过程，包括教学目标的确定、教学内容的选择、教学方法的设计、教学评价的实施等；学生是课堂的主体，要确保他们在课堂活动中的主体地位；整个教学活动中应把培养学生的主体意识和能

---

　　① 张璐：《中学语文课堂教学与实践》，吉林人民出版社 2019 年版，第 121 页。

力放在首位；师生之间的关系必须是民主、平等、合作的，学生在课堂上是与教师平等的参与者。主体参与式教学绝非简单地让学生举举手、动动口，而是教与学双边互动的实践过程。教师要引导学生从认知、情感与行为各方面都积极地投入到教学活动中来，即"全部沉浸"，在教学中要使学生整个人沉浸在学习中——躯体的情绪的和心智的。这是主体参与式教学的最佳境界。

主体参与式语文教学是现代语文教师应有的新的教学理念。主体参与式语文教学是集知识掌握、创造性的培养和个性的养成为一体的一种综合教学模式。在语文教学过程中，通过教师采取各种教学措施，激发学生的学习兴趣，促进学生在整个教学过程中主动参与、全员参与和全程参与，最大限度地发挥其自主性、能动性和创造性，使学生真正成为"语文学习的主体"。

一、中学语文主体参与式教学的特征

（一）主体性特征

人的主体性是他作为社会活动主体的本质属性，主体性的发展与提升是生命的核心问题。主体性的特征表现为独立自主性、自觉能动性和积极创造性等方面。独立自主性是主体在活动中对行为的自我把握；自觉能动性是主体在活动中个性能力的主动展现；积极创造性是主体在活动中追求新颖性、独特性和有价值。人的主体性在活动中生成、发展、完善，不断地借助各种活动巩固、强化并在新的基础上重新确立。离开主体的参与就不可能有主体性的形成与发展。因此，只有让学生参与语文教学过程，才能充分发挥学生的自主性、能动性和创造性，使语文教学成为解放学生的心灵和才能，激发想象力、感知力和创造力的过程，使学生真正成为语文课堂教学活动的主人，从而发展其主体性。

（二）实践性特征

主体参与就是指学生积极主动地参加各种教育教学实践活动。主体是有意识、有实践能力的人，参与就是实践。人们只有参与实践活动才能认识和改造世界。学生学习要靠个人自身的实践活动，主体参与是这种学习实践活动的基本形式。学生是社会的、现实的、活生生的、富有情感的最具有创造力的人，一切教学措施及手段都是为了学生的发展而选择和设计的。主体参与式语文教学要求教师创设主体性活动的环境，在语文实践活动中，激发学生的参与意识，培养学生的参与精神和参与能力。语文能力和其他任何能力一样，只能在实践中习得。因此，语文教师要给予学生充足的时间，让他们充分地读书、讨论交流，在读和练的实践中，培养语感，陶冶情操，形成能力。

所谓主体参与就是在教育教学中充分发挥学生的主体性，积极引导他们投身教育实践，使其"精神丰富""道德纯洁""体魄完美""审美需求和趣味丰富"，成为社会进步的积极参与者。

（三）互动性特征

互动主要是指教师与学生之间、学生与学生之间的信息交流活动交往、相互作用、教学互动。只有在民主、平等、和谐的教学氛围中，才能激发学生的学习动机，让学生积极主动地参与到教学过程中来，通过教师和学生、学生和学生之间的交流、互动、互助、互促，实现教学目标。在语文教学中，要善于激发学生的学习热情，让学生积极参与学习过程，通过师生、生生、师生与文本的互动、交流，使学生产生思维的碰撞、灵感的顿悟，从而有所创新。

（四）开放性特征

主体参与式教学的开放性是在教学中不拘一格，充分发挥师生的聪明才智，完成教学过程的创造。教学形式的开放主要体现在：创立民主的教学环境，使学生有一种"心理自由"，敢于参与、乐于参与。教师要以平等的姿态与学生交流，充分发扬教学民主，让学生形成不唯师、不唯书，勇于向权威挑战的风气，以利于培养学生的创新素质。在语文教学过程中，教师要尽量撤去定格好了的条条框框，放手让学生讨论争鸣，努力营造利于学生主体精神、创新意识、创新能力健康发展的教学环境，使每个学生都能心情舒畅地参与。

二、中学语文主体参与式教学的原则

教学原则是根据一定的教学目的和对教学过程规律的认识而制定的指导教学工作的基本准则。主体参与式语文教学的基本原则是根据对参与式教学过程规律的认识制定的指导参与式教学的基本要求。原则是前提、是保证，只有在原则的指导下进行参与式教学的实践，才能取得良好的教学效果。

（一）主动发现原则

教学的过程就是在教师的引导下学生主动发现的过程。学生应该充分利用教师所提供的教学情境，主动地进行学习、思考和探索，亲自去发现问题的结论和规律，成为一个善于发现的人。主体参与式语文教学就是在这样一种新的教育理念下产生的一种教学方法，它是以实践和创新为基础，主动发现是其要遵循的一个基本原则。

语文是人文性很强的学科。语文学科的这一特点，决定了许多语文知识的答案是多元的。主体参与式语文教学不是将结论直接告知学生，而是通过学生的亲身观察、分析讨论等去发现答案，得出结论。学生通过参与学习的过程，亲自体验发现新知、获取知识的乐趣。

主体参与式语文教学，是能够运用教学理论指导语文教学实践的教师与学生进行沟通的文化，这种文化要求师生双方都必须有较强的主体性，有主动参与意识。在语文课堂教学中，语文教师与受教学生作为拥有各自不同语言文化和沟通文化的前代与后代，作为成人与成长中的新一代，作为各自在现代社会中生存的个人，在主动参与过程中，在沟通与沟通关系中进行心灵的碰撞，从而提供了"发现世界"、"发现自我"乃至"相互发现"的契机。

主体参与式语文教学，充满了把师生从被动世界中解放出来的人文关怀。它使学生在积极参与、主动发现中，丰富知识、增长见识、体认自我，成长为具有能动性、富有创新精神的现代人。

（二）全面发展原则

当前，我国的基础教育正在进行着变革，这场变革的终极目标是实施素质教育，而素质教育是以面向全体学生，全面提高学生的基本素质为宗旨，以注重培养受教育者实践能力、创新能力，促进在德、智、体、美、劳等诸方面生动活泼、主动发展为基本特征，即是说，素质教育的核心是促进学生的全面发展。那么以"提高学生主体参与意识"为目标进行的素质教育，才是促进学生全面发展的根本途径。

教育的基本内涵是使人的生命价值得到全面的提升，使人的本质力量得以充分展现。时代不同，人的发展观也不相同。传统的教学是以学科为中心的知识传授，这就决定了教师始终是教学的主宰者，课堂是教师表演的舞台，而学生只是被动接受知识的客体，是失去自由的听众。在这种教学模式下，学生学习和发展的主体性必然受到忽视。现代教学论提倡，教学过程是教师与学生共同探索新知的发展性活动体系。学生不是在教学中被动地接受外界影响，而是在师生、生生、生本的互动中主动地选择，形成与建构自己的知识体系。课堂教学就是要在传授知识的同时，关注学生的全面发展。要让课堂变成学生发展能力的场所。

主体参与式语文教学，强调教学是师生之间交流互动与共同发展的过程，是共创的生命体验。因此，在语文课堂教学中，要改变传统的教师教与学生学的模式，在设计、安排和组织教学过程的每一个环节都有意识地体现参与的内容和方法。转变教师角色，让学生主动参与、自主探索、合作交流、积极思考和亲身体验。

主体参与式语文教学，正是以学生的发展为本位，突出能力的培养，让学生参与阅读，既丰富了学生的知识积累，开阔了学生的视野，又锻炼了他们对文学作品的鉴赏能力和审美能力。让学生参与作品评价，当一名同学阐述自己的见解时，其他同学必须仔细倾听，善于抓住要点，边听边思，锻炼了学生听记、听辨能力。对别人的阐述做精当短评，要求学生不仅能脱口而出，而且能出口成章，言之有理，持之有据，切中要害，锻炼了学生敏捷的思维能力及较强的口语表达能力。学生通过对作品的阅读、理解，能够亲自悟情、悟理、悟人生，文学作品的这种潜移默化的熏陶和感染，远远胜过空口说教。总而言之，读、听、说、理解、鉴赏、思维等能力的全面提升，可以为学生终身学习以及未来的发展奠定坚实的基础。

主体参与式语文教学跳出了"应试教育"的怪圈，以学生的发展为出发点，关注学生能力的全面提升，关注学生生命的成长，真正实现了学生能力发展与人格塑造的完美统一。

（三）民主化原则

教学民主化是 20 世纪 60 年代以来兴起的世界范围的教育改革思潮。教育民主化包括教育的民主和民主的教育两个方面：教育的民主是民主外延的扩大，即把政治的民主扩展到教育领域，使教育成为公民的权利和义务；民主的教育是教育内涵的加深，即把专制的不民主的、不充分民主的教育改造成为民主的教育。其中心内容是实现教育平等，包括教育机会均等教育过程平等、教育结果平等。

语文教学中的民主化就是在"我-你"师生关系的基础上，强调教学交往中的尊重平等、沟通。师生双方都积极、主动地参与教学过程，师生双方能在教学过程中体验自由、平等、和谐，从而使学生获得充分发展。每一篇文学作品，都是作者主观感受的抒发，是内在情感的流露，是个人见解和智慧的展现，语文教育的真正意义就在于让学生获得这种感受、体验这种情感、理解这种见解、汲取这种智慧，最终形成自己丰富的精神世界，提高自己的语文素养。因此，语文教学的过程是知识技能的传授过程，更是学生、文本、教师三者之间情感的交流、心灵的沟通、生命的对话。

由此可见，在语文教学过程中，只有教师遵循民主化的教学原则，学生才能拥有话语权，才能积极参与学习过程，也才能实现真正意义上的尊重、平等、沟通和理解。

三、中学语文主体参与式教学的价值

长期以来，传统教学强调"教师权威"，学生被放在了客体的位置，对主体参与关注不够，学生学习和发展受到束缚。为此，在语文教学中创设民主氛围，使学生主动参与教学，对于促进学生全面发展有着重要的实践意义。

（一）有利于体现学生主体地位

以往的语文教学，大多以教师为中心，教师的话具有绝对的权威性，学生只是被动地、机械地接受现成的结论，主体地位被忽视。主体参与式教学就是要改变这种"唯师是从"的状态，建立一种宽松的、和谐的氛围，确立新型的、平等的师生关系。教师做到"心中有学生"，尊重学生、信任学生、引导学生，让学生能自觉地、独立地参与学习的全过程，学生的主体地位得到充分体现。

（二）有利于发挥学生的创造力

传统的语文教学中，教师一人讲，学生群体听，教师的垄断性行为使学生循规蹈矩，不敢越雷池一步，缺乏自己的主观分析、判断，创造才能被扼制。语文教学中，应多给学生积极参加实践以及和教师互相交流的机会。民主、和谐的教学环境是使学生的想象力、创造力得以展现的重要因素。采用"头脑风暴法"，学生的身心不会受到压抑，能够大胆发表自己的不同见解，敢于向权威挑战，敢于求新、求异。积极的求异性、创造性的想象、活跃的灵感，正是创新思维的明显特征。而创新性思维是创新能力的核心，所以，要培养学生的创新精神，首先要给学生创设一个宽松、和谐的环境。内在动机原则是创造力的社会心理学基础，当人们被本身的满意和挑战所激发，而不是被外在压力所激发时，才表现得最有创造力。

（三）有利于发展学生的个性

传统的语文教学中，学生更多地处于被动状态，不能主动地进行自我表现，其良好的个性的形成与发展受到很大的影响。个性不是"委任"的，而是学生在主体参与的活动中逐渐形成的。集体必须建立在共同活动的基础上，个体在集体中如果消极被动，集体就不可能成为该个体"全面发展的手段"。换言之，只有在集体中主动参与，个人才能得到充分、自由的发展。每个学生的生活积淀、文化底蕴、审美情趣千差万别，因此，面对内涵深沉、缤纷多姿的文本，教师不应恪守"标准结论"，而应珍视学生独特的感受、体验和理解，让学生见人所未见，发人之所未发，人无我有，人有我新，从而发挥学生的创造潜能，发展学生的个性。总而言之，只有在与他人的联系中，在主动参与学习过程中，人的个性才能得到一定的发展。

（四）有利于培养学生健全的人格

人格是在社会化过程中形成的表现在知、情、意等心理活动各个方面的总体精神面貌。健全人格的主要特征：情绪成熟健全，保持愉快的心态，乐于承担责任；有独立和自主的意识，乐于自己思考和解决问题；有良好的人际关系和社会适应能力，既承认自己又尊重别人，能体谅别人的痛苦，并用各种办法来帮助他人，具有同人类共祸福的意识。然而我们接受型的教育所培养的学生是被动、盲从、胆怯、木讷、麻木，难以适应现代社会的发展需要的。

固然，先天的遗传素质是人格发展的前提，但人格的最终形成，则更多地取决于后天的教育、训练和环境影响，有赖于个人的社会实践，其中人际关系起主要作用。为此，只有让学生主动参与到教学活动中，他们才能把教学看成"自己"的责任，而不光是教师的事情。而且在与教师、同学的交往活动中，培养团结协作精神。文学作品的内涵是丰富的，评价也应是多元化的，因此，教师要引导学生积极主动地参与教学过程，大胆发表自己的不同见解，敢于对已有结论进行合理的"反叛"，消除盲目崇拜，增强学生自主意识。总而言之，学生只有积极主动地参与学习过程，才能构建健全的人格特质。

四、中学语文主体参与式教学的策略

（一）主体参与的重要保证：建立良好的师生关系

我们要十分重视师生关系，它是实现学生主体参与、进行高效率学习的重要保证。师生关系主要有两种情况：感情融洽、彼此协调的师生关系有利于调动学生的积极性，促进学生学习成绩的提高；反之，学生的学习积极性会受到压抑，不利于学习成绩的提高。

为此，在语文教学活动中，必须建立良好的师生关系。因为民主、和谐的师生关系是教育教学活动中学生生动活泼、积极主动发展的基础，也是实施素质教育、实现主体性教学的前提和支柱，更是培养创新精神的不可或缺的氛围。无数事实证明，只有教师在课堂上发扬民主，创设和谐气氛，学生才能有主人翁意识，因而心情愉悦，求知欲旺盛，思维活跃；学生群体才能有群情激动、跃跃欲试的热烈气氛；学生的创新欲望和创造行为也才能得到激活。这时，就会像爱因斯坦所说的那样，把学生的热情激发起来，那么学校规定的课程就会被当作一种礼物来接受。和谐的师生关系的关键因素是教师，这就要求教师力求做到以下方面。

1. 树立正确的学生观

学生观，是对学生的本质属性及其教育过程中所处地位和作用的看法。有怎样的学生观，就会产生怎样的师生关系，要建立和谐的师生关系，就必须确立正确的学生观。

正确的学生观是建立在对学生本质属性的正确认识基础上的。学生作为人，虽然从教育和教学过程的组成来说是教育的对象，处在教育客体的地位，但是，从整体教学过程的进行及个体的发展来说，学生才是学习活动的主人，是发展的主体。学生虽然是教育对象，但和其他社会实践对象不同，他是具有自主性、能动性和创造性的活生生的人。学生是一个独立的个体，有自我观念、自尊心，有自己的需要、兴趣、爱好、追求和个性等主观意识。在这种主观意识支配下，学生不是消极被动地接受外界环境影响，而是有一定的主动性、能动性。表现在教育过程中，学生接受教育是有选择的，对不同的教育内容、教学方法，甚至不同的教师，都会做出不同的反应，或产生积极的接受态度，或产生消极的抵制态度。从学生作为一个独立的人的角度看，他们有权利在教学中提出自己的正当的要求和合理的建议。总而言之，在教学过程中，教师必须放下权威者的架子，树立学生是学习的主体、发展的主体，是未来社会的主人的学生观，才能构建民主、平等、自由的新型师生关系。

2. 尊重学生

人本主义心理学强调学习过程中人的因素。所以学习论的基本原则是必须尊重学习者，必须把学习者视为学习活动的主体，必须重视学习者的意愿、情感、需要和价值观。因为尊重信任学生是促使学生积极向上的内在动力。在语文教学过程中尊重学生具体表现在：①教师心中有学生，遇事和学生多讨论、多商量，每一篇课文，从教学目标、教学内容到教学重点、课时安排，以至具体的教学方法，都同学生商量，尽可能达到师生间认识的统一；②尊重孩子们自己的思维能力，教师要尊重学生提出有益问题的能力，尊重他们提出有意义而且有见解的推测的能力，尊重他们通过更合理、更适当的大量用脑而不是靠记忆进行学习的能力；③尊重学生的选择和判断，教师要鼓励学生对语文知识的答案做出选择和判断，而不是由教师匆忙做出结论。总而言之，只有充分信任、尊重学生，才能求得心灵沟通，师生彼此才能理解、信任和合作。

3. 师生平等

传统的师生关系实质上是一种以教师为中心，忽视学生主体性的"主-客"关系。在这种关系中，学生被看成教育的客体与对象，只能被动地服从教师的权威，是一种不平等的师生关系。新型的师生关系是一种互主体性关系，在这种关系中，师生双方在教学中的地位是平等的，双方都有完整的个性。在教学活动中，谁也不能把意志强加给对方，而是一种平等、关心、支持、帮助的关系。这就要求教师由过去的"主宰者"变成学习的引导者、激励者、点拨者，以平等的心态对待每一个学生，要给学生平等参与的机会。要爱护而不排斥，说服而不压服，启发而不包办。只有在这种平等的师生关系中，教师才能真正体会到学生的需要和选择，理解、尊重学生，从而促进学生的发展。

4. 及时鼓励

人人都喜欢受人称赞，因为赞赏能使人心情愉悦、信心倍增，从而增强排除万难的勇气。作为教师不要吝惜自己的表扬语，多给学生些适度的鼓励，定会产生事半功倍的效果。

作为教师，应运用多元智能理论，善于发现学生语文学习过程中的闪光点，及时肯定、鼓励，从而最大限度地调动学生的积极性，激发他们肯定自我、超越自我。学习成绩差，但语言表达能力强是闪光点，应积极赞扬；学习成绩平平，但想象力丰富是其闪光点，教师应不失时机地予以表扬；学生基础知识掌握不理想，但思维敏捷，这也是闪光点，教师都应及时勉励。

学生的自信心、进取的锐气、活泼的灵性，往往来自教师的肯定、赞美、鼓励。恰如其分的赞美能创造奇迹，能避免批评指责的负面效应，还个体以自尊和自信；能激发学生不断增强主体意识，向着更新更高的目标迈进。而且教师亲切的鼓励能起到春风化雨般的作用，可以缩短师生之间的心理距离，融洽师生感情，增进师生关系。

（二）主体参与的直接动力：激发学习动机和兴趣

学习动机是直接推动学生学习的内部动力，语文教师必须重视学生学习动机的激发。所谓激发就是把学习活动中的积极因素充分调动起来，使学生的学习动机从不活跃状态转化成活跃状态。在语文教学过程中，可以通过以下方面有效激发学生的学习动机。

1. 进行责任感教育，激发学习的动机

对于学生而言，随着年龄的增长，影响其学习的主要因素已经不是单纯的好奇心，信念和理想往往起着支配作用，如果学生树立了远大的理想和坚定的信念，对学习有责任心，必然会产生强大的学习动力，推动其学习；反之，如果缺乏学习责任感，觉得学习无足轻重，那么，它必将失去学习的动力。因此，在语文教学过程中，教师有必要对学生进行学习责任感教育，让学生认识到学好语文，对于塑造人性、传承文化、提高人们的审美水平，对于整个社会的文明进步都有着不可低估的作用。如果能把这种外部要求转化为学生的内在需要，就一定能增强学生的学习责任感，提高其学习动机水平。

2. 明确语文学习目标，激发学习动机

在很多情况下，部分学生缺乏学习的积极性和主动性，是因为他们不了解要学的内容和怎样学。因此，教师要根据教学大纲的要求，并考虑学生的具体情况，帮助学生明确学习目标，明确努力的方向。高层次目标的确立有利于激发人的潜能，增强远景性动机。因此，学生不仅要有阶段性目标、近期目标，而且还应有长远目标。要实现长远目标，必须从阶段性目标开始。这就要求语文教师在讲授一节课之前，让学生知道具体的目标和要求以及教学内容在实践中的应用价值和在整个知识体系中所占的地位，这是调动学生学习积极性的有力举措。因为只有当学生明确了学习目标和学习的重要性之后，才会产生强烈的探求欲望，从而自觉地主动地学习。

3. 提高语文教学艺术，激发学习动机

教学是科学，也是艺术。苏联教育家马卡连柯认为，教育是最辩证、最灵活的一种科学，也是最复杂、最多样的一种艺术。在教学过程中，有这样一种现象，同一篇课文，有的老师讲得深入浅出，形象生动，让学生听得津津有味；而有的老师讲得晦涩难懂、枯燥乏味，让学生听得昏昏欲睡。出现这种现象的关键在于教师的教学艺术。因此，重视教师的教学艺术，是激发学生的学习动机和学习热情，调动学生的学习主动性、积极性，丰富学生的想象力，推动学生不断向新的目标迈进的重要保障。

（1）要使自己的语音富有魅力：语文教师要掌握一点用气发声、共鸣控制、吐字归音的技巧，使自己的语音清晰、圆润、甜美、悦耳动听，增加语言的吸引力。

（2）要使自己的语言负载丰富的情感：许多文学作品都是名篇佳作，作品本身极具感染力，容易吸引学生，但学生仍会感到语文课枯燥无味。除了教学方法的问题之外，另一个重要的原因就是教师的课堂语言。情感性是语文教师教学语言的特质，语文教师应该用自己的丰富情感去点燃学生的心灵之火。教师将蕴含在教材中的思想感情化为自己的真情实感，这样才能在讲课时做到声发于情、理融于情，从而拨动学生的心弦、触动他们的情思、引发学生心灵的震撼。

（3）语文教师还应运用幽默艺术：幽默的语言委婉含蓄、轻松自如，给人以温和、友善之感，较容易为学生所接受。在语文教学中使用幽默语，可以激发学习动机，引发学生兴趣；可以使师生之间的关系更为和谐；可以活跃课堂气氛；可以培养学生的想象力和创造力。巧妙借用是指有意把不同行业、不同语体的典型用语交错使用，这样，幽默就会在语言迁移中应运而生。格言变用也是一种幽默技巧。幽默语的艺术包括教师设计的情节幽默、笑话、趣闻、妙语、警句、谐音，大胆地夸张，旧语换新义等。

（4）语文教师应力求做到语言生动、形象。生动的教学口语能吸引学生的注意力，激发学生学习动机，唤起学生求知的欲望和学习热情。语文教师要想方设法，对自己的语言进行加工处理，采用比喻、夸张、拟人、摹声、描述等方式，将抽象的概念具体化，把深奥的道理形象化，把枯燥的知识趣味化。教师的语言要生动，必须将语言的意、形、音三者有机结合起来，使语言"既有意思，又有响声，还有光彩"，做到"形美以感目""音美以感耳""意美以感心"，只有这样，才能增强语言的表现力、感染力。语文教师在教学中讲究口语表达的修辞，借助丰富多彩的言语表达手段，深入浅出、活灵活现地展现事物的形象、声音和色彩，从而增强教学口语的生动性，加深学生对所学知识的印象。

第二节　中学语文"双主式"教学模式设计

"双主"理念，即以学生为主体，以教师为主导，坚持"教育以学生为本、办学以教师为本"思想。语文教学中"双主"理念的运用即要求双向发挥教师主导作用与学生主体作用，教师既是教学过程的组织者，又是学生学习的引导者和学生主体性作用发挥的激发者，努力培养学生学习的自主性，确保学生学习中思维与行动的自由，构建民主而和谐的教学环境。

一、强化学生的主体地位

知识的获得是一个主动的过程，学习者不应是信息的被动接受者，而应该是知识获取的主动参与者。学生主体是学生自己教育内容的建构者，学生对自己主体地位能否清醒认识，决定了其是否能动地发展自我主体意识和主动精神，成为学习的真正主人。在语文教学中合理强化学生的主体地位应努力做到以下两点。

（一）培养学生学习的自主性

这里的自主性包括学生的自主意识、学生的自主精神和学生的自主人格。从学生接受教育过程来看，学生是教育客体，但从学生内化过程来看，外在影响必须通过他们的心理矛盾运动起作用。这就要求语文教学必须从过去传统模式转变到注重充分发挥学生学习自主性，促进学生全面和谐发展的模式上来。例如，在语文教学中，教师要充分利用学生的好奇心来激发学生的内部动机并及时进行学习结果的反馈，使学生产生心理上的满足感和成就感。设计学习过程时，突出学生的主体地位，贴近实际、贴近学生生活，调动学生的参与热情和学习热情，要在充分发挥学生主观能动性的基础上，使学生调动自己的经验、情意和创造力，通过选择、重组、循序渐进走近目标。

（二）构建民主、和谐的环境

民主是学生主体性作用发挥的保证，一个人的创造力只有在他感觉到"心理安全"和"心理自由"的条件下，才能获得最优表现和发展。而做到这一点的关键就是要创设良好的环境和氛围，增进教学民主，消除学生在课堂上的紧张感、压抑感和焦虑感。当今时代的中学生已经很大程度上不同于过去的学生了，他们的个体意识、自主意识、民主意识在新时期环境下都有了很明显的发展，针对这一点，在教学中教师就要尽可能以民主的态度来扶植、提升学生的自主选择权，培养师生间良好的人际合作关系。宽松、民主、和谐的课堂氛围是传授知识的无声媒介、开启智慧的无形钥匙、陶冶情操的潜在力量。

二、发挥教师的主导作用

（一）教师是教学过程的组织者

教师主导作用体现为根据学生的需求制定课堂的教学目标、选择课堂的教学内容、采用多样的教学方法，进而在一定的教学进度内确保教育目标的实现，这种作用可以帮助完善知识讲解的严密性、系统性、完整性和逻辑性。但这种模式又不完全等同于过去的那种一味以教为主导，以师为中心的传统模式，它是建立在学生主体作用发挥基础上的。

（二）教师是学生学习的引导者

教师不仅要教，而且要对学生进行引导。由于教师面对的是有着鲜活生命的个体，而每个学生又具有鲜明的个体差异，即使同一学生在不同的时期也会有完全不同的表现。再加上中学生好奇心强、求知欲强，在自主创新的过程中会遇到这样或那样的疑问，这类疑问的解决直接影响到学生对问题本质的认识和新知结构的建立。这时就需要教师的引导作用，教师要在这一过程中既要面向全体学生，又要尊重学生个体差异，在两者兼顾的基础上，去协助学生树立信心，指导学生把握认知的方向和过程，引导学生自主分析问题和解决问题，明确学习的目标。为此，教师本身必须明白一个重要理念，即教学的最终目的是为思维而教，为解决问题而教，获得知识是为了更好地发展学生的思维，更好地实现问题解决。只有教师自己对教学目的做好"定位"，教师的引导作用才会"到位"。

第三节　中学语文教学中不同课型模式研究

一、中学语文教学中的复习课型模式

复习课程主要针对的是以往学过的内容，对学过的内容展开系统的梳理，重新建构知识框架，寻找知识内容间的联系，让语文知识结构体系更加完整，让学生能够运用知识体系，解决实际应用中的语文问题。复习课和新授课之间是相对的，需要注意的是，复习并不是一味练习，复习是为了重新认识以往学过的知识，了解知识涉及的概念、知识体现的规律以及知识的外延应用，还要理解知识和知识之间存在的逻辑关联，并且通过复习建设知识网络。复习是从实际的角度出发，理解知识的具体内涵，发现知识之间的关联，以此升华知识、巩固知识，将知识牢牢记在脑海中的过程。

（一）复习课型模式特征

第一，要注重学生学习的主体性特征，让学生通过复习提高自己的能力。要注重学生对复习过程的参与程度，中学语文复习主要是为了深化知识、完善知识，提高能力，这些都需要学生将知识内化，需要学生亲身体验才行，所以复习一定要体现出学生的主体性、自主性，要让学生积极主动地参与到复习过程中，尤其是要让学生亲自展开对知识的归纳、整理和完善，这一过程任何人都不能替代。教师可以对学生的学习给出一定的指导和讲解，但是必须在尊重学生主体性的基础上展开，要注意调动和激发学生对语文学习的兴趣。

第二，要突出复习的针对性特征。复习是对知识的归类和梳理，要做到有的放矢，中学语文复习必须针对重点知识或者针对学生的薄弱环节，只有这样才能获得实际的效果。首先，复习应该针对全班同学都相对薄弱的环节；其次，复习还要关注学生知识掌握的差异，应该针对学习的薄弱地方做到有针对性的复习，也就是学习要对症下药，容易混淆的知识点、容易记错或记漏的知识点应该着重复习，复习过程中，教师要引导学生发现自己的问题，教师不可以将自己以为的问题当作是学生复习的问题，一定要让学生找出自己学习的薄弱环节，并且针对薄弱环节展开有针对性的温故知新。

第三，要注重复习的建构性特征，学生的复习应该注重知识的整合过程，要注重对知识进行归纳和整理。知识之间是有内在联系的，只有当知识被整合到知识系统中才能发挥自身的功能，才能利用知识间的关联解决语文问题，也就是语文知识的复习必须注重知识之间存在的纵向联系、横向联系，有计划、有规律地复习知识内容，让学生学到的知识可以系统、有条理地存到学生的记忆中。学生应该有一条清晰的知识线，其可以利用知识线对知识做出由点到面的总结，而且总结应该按照信息的数量，有步骤、有计划地进行整理，尤其要注重知识之间的联系，这有助于学生建立清晰的知识网络，有助于学生掌握知识归纳和整理的方法。

第四，要注重复习的探究性特征，让学生在复习中探究知识的应用，提高知识的迁移应用能力。对中学语文知识复习来说，如果使用传统的说教形式能够获得的效果非常细微，高中语文复习一定要选择有针对性的、能够对学生带来启发的、能够帮助学生建立知识体系的方法，引导学生去探究问题、解决问题培养学生的思维能力，让学生掌握解决实际问题的技巧，并且将技巧应用和迁移在其他的问题上。

（二）复习课型模式建构

第一，设立目标，依照学案展开自学。学生可以通过排查知识或者测评知识的形式检查本单元学习中存在的知识盲点，然后确立自己的复习目标，复习目标一定要有针对性，一定要有具体的指向性，不可以是空泛的，只有这样才能让自学有目的、有方向，才不会陷入盲目的自学状态当中。如果遇到学习问题，学生可以自行查阅相关的工具和材料。

第二，交流讨论，不断地完善学生的知识体系。教师可以组织小组讨论，让学生和学生相互讨论存在的疑问，互相解答，教师也可以进行一定的点播，但是点播应该适度，教师应该给予学生充分的自主探索答案的时间，不可以直接给出答案。与此同时，教师也要引导学生朝着答案的方向逐渐靠拢，如果学生取得了一定的学习成果，教师应该给予夸奖和奖励，通过讨论学生可以建构自己的知识体系，可以对问题形成自己的理解，也可以对问题给出自己的解答，交流可以激发学生的思维，能够让学生想出更多的思路。

第三，要让学生参加实战演练，提升知识能力。在对学习重点和学习难点进行一定的训练之后，要及时清理存在的知识疑问，不要留下知识疑问。学生可以自主查询资料，自主扫清知识盲点，也可以和其他人讨论交流，了解知识的本质。

二、中学语文教学中的活动课型模式

语文活动课是语文课改的一个特点。语文综合性学习能够培养学生的语文学习兴趣，能够提高学生的语文素养，与此同时，也会培养学生的探究精神、合作精神和创新精神。应该在语文课堂中提倡综合性学习，综合性学习注重在活动中了解语文知识，提高语文听说读写的能力，提高语言知识素养，实现语文知识学习和思想锻炼的结合。语文活动非常注重学生的活动体验，无论是在时间上还是在空间上都相对开放，相比于以往的常规课堂教学，学生能够获得更大的自主权，活动能够更好地满足学生对语文学习的需求，而且在语文活动过程当中学生的个人特长能够得到更大程度的体现。语文活动这一全新的课型具有非常重要的时代意义，相比于其他的课程也体现出了更多的优越性，未来这一课程形势的发展还需要语文工作者不断努力、不断探索。

（一）活动课型模式特征

第一，语文教的活动课型模式的主体性特征。主体性特征体现以学生为主体、以教师为主导的新型教学模式，真正体现了学生的主体性地位。

第二，语文教的活动课型模式的互动性特征。互动性特征强调了师生互动、生生互动，共同完成探索任务。

第三，语文教的活动课型模式的自主性特征。自主性特征体现在学生由被动学习变为主动学习，积极提倡自主、合作、探究的学习方式。

第四，语文教的活动课型模式的建构性特征。建构性特征体现在促进学生潜能的发挥和发展。

第五，语文教的活动课型模式的多元统整特征。多元统整的特征包括多元智能的统整及听说读写多元能力的统整。

（二）活动课型模式建构

依据综合实践活动教学的原则和内涵，基于合作学习的模式，活动课课型构建模式有以下六点。

第一，教师创设活动情境，学生进入情境活动。

第二，教师布置相关活动，将学生分成小组，分组完成。教师应该为学生设置任务情景，学生主动接受任务，并且开展活动，小组的方式有利于活动的开展，也有利于学生共同合作，一起探究，一起讨论问题、解决问题，为了让所有的学生都加入的活动交流当中，教师应该在尊重学生的基础上，合理地将不同的学生分配到合作小组当中，学生可以发挥自己的优点和特长，完成一小部分任务，在参与中体会到获得成功的乐趣。

第三，教师和学生之间应该积极互动、交流。教师可以为学生设置问题，引导学生思考，学生可以通过交流、阅读、讨论、实践等方式由浅入深的探究问题、分析问题，在这个过程中非常适合使用合作式、启发式、探究式以及对话式的教学方法。

第四，总结问题答案，形成自己的观点，并且分享活动当中的收获。学生可以根据自己的理解，归纳总结概括本次活动的主题，并且使用自己的语言表达出来，教师可以根据学生的发言，给出一定的建议或者补充。

第五，在总结的基础上，引导学生归纳升华。在这一过程中教师应该联系实际问题，引导学生将结论运用在实际问题当中，实现知识的学以致用，这一过程既是对知识的强化，也是对知识应用性的延伸和拓展。

第六，活动结束之后应该展示作品，并且对活动结果做出综合性的评价。学生应该以小组的形式展示研究成果，学生可以利用 PPT 或者手抄报的形式演示成果，对活动的评价应该由教师和学生一起完成，评价内容应该包括教师的评价、学生之间的互相评价以及学生的自评，而且评价应该涉及探究的过程和探究的结果，教师需要注意的是评价应该以鼓励为主。

三、中学语文教学的互动课型模式

在中学阶段，语文是一门重要的学科，它在培养学生语文核心素养和塑造学生未来的发展方向方面都占据了重要的地位。多维互动教学模式是一种师生之间和学生之间多方面沟通的教学办法，它以建构主义的理论为根基，以建构主义的核心为标准，它在课堂上能充分调动学生的学习主动性，让学生在不同的互动中体验到学习的快乐，从而达到课堂的教学目标。营造多维互动的教学课堂，应该把握住师生之间、学生之间的多方面信息，通过沟通交流落实多维互动的教学模式，最终提升语文的教学质量。

（一）课前的多维互动

1. 革新互动导入方式，激发学生兴趣

在上课之前，教师一般都会采取课前互动这一方法，因为在互动中能充分调动学生的互动欲望和兴趣，为接下来良好的课堂氛围奠定基础。每一堂课都需要导入，导入的设计也非常重要，它能激发学生的学习欲望。在传统的课堂教学中，导入这一环节一般都显得单一和程序化，学生的积极性很难得到调动。所以，中学语文教师在课堂导入这一环节应该对其加以创新，让导入过程拥有趣味性并且贴近高中生的学习氛围，使多维互动教学模式的优势得以发挥。

2. 开展课前互动活动，提升学生兴趣

在中学生较强的学习压力环境下，语文教师应该充分发挥学科的多彩性，适当缓解学生的学习压力，为学生提供一个相对轻松的课堂氛围，使学生有主动互动和沟通的欲望。在课堂教学之前，教师应该根据教学内容的需要开展对应的课堂互动，调动学生的学习兴趣，让师生之间和学生之间有更多沟通的可能，这样一来就可以为建立良好的师生关系打下基础。另外，教师在课堂互动当中应该关心到每一位学生，给学生主动展示自己的机会，让学生在课堂互动当中建立信心、提升自己。

（二）课上的多维互动

1. 师生间的互动

（1）转变角色，激发学生的互动欲望。教师要做到灵活转变角色，最大限度地发挥师生互动的优势，这样的课堂效果才是最明显的。语文教师一般在教学过程中充当着教师、朋友、观察者等角色，如果在情况多变的课堂教学中，教师不能做到随机应变、灵活教学，那么教学质量也就难以提升。所以，教师要灵活转换角色，提高课堂质量，让学生获得良好的互动氛围，激发学生的互动兴趣，最终学生获得知识，教师也在教学中不断成长。

（2）设计问题，培养学生的思维能力。面对课堂教学时，高中语文教师应该重视对学生多向思维的激发，例如，发散性思维、逻辑性思维等。激发学生的多向思维能调动起学生的主观能动性，敢于发表个人意见和想法，从侧面也建立起了老师和学生互动的氛围。在激发学生多向思维的方法上，教师可以考虑在课堂上多提问等。所以，根据所设计的教学内容，语文教师能适当地加入一些问题，通过提问激发学生的好奇心，这样不仅培养了

学生的多向思维能力，也能让学生有效率地完成学习任务。

2. 生生间的互动

（1）小组活动，让学生能展现自我。在多维互动教学模式下，最能带动学生参与课堂的方式就是小组活动。现在的很多高中生都具有了自我思考的能力，相比于教师授课，他们其实更喜欢发表自己的见解。而通过小组活动，很多同学便有了展示自己的平台，不同的思想在这里形成碰撞和结合，有效提升学生的互动兴趣和学习主动性。所以，中学语文教师在教学过程中，要多组织小组活动，提高学生的表达能力和思考能力，也对学生的创新精神有所培养。

（2）互相评价，挖掘学生学习能力。互相评价不仅能有效缓解教师在课堂教学中的压力，还有利于营造出相互竞争的氛围。其实，互相评价的最终目的是激发学生互动的兴趣，让学生在互动的过程中互相学习、敢于质疑，从而提供语文教学质量。所以，教师在实践前要做好调查，从课堂表现分析每一位学生的特点，对其进行合理分组，保证学生都能在互相评价的过程当中进步。

多维互动教学模式始终是以学生为主体、教师为主导，充分调动学生的主观能动性和创造性。每一位教师应该提升个人素养，树立起终身学习的职业理念，在不断的实践中建立最科学的多维互动教学模式，不断提升中学语文的教学质量。

第四节　中学语文翻转课堂教学模式的创新

新课程改革对中学语文课堂教学提出了更高的要求，但是在当前语文课堂教学中，大部分教师依然深受传统教学理念和教学模式的限制，使得语文课堂氛围沉闷、缺乏互动，无法完成新课程改革的教学目标。因此，教师必须紧紧围绕"语文核心素养"，立足于当前语文教学现状，积极寻求一种有效的教学模式，有效提升高中语文课堂教学质量。

翻转课堂是一种新型的课堂教学模式，依托于现代信息技术而出现的一种现代化、信息化教学手段，所倡导的教学理念就是"以信息技术带动教学结构变革和学生个性全面发展"，翻转课堂这一教学理念与新课程改革中的"一切为了每一位学生发展"的教学理念是不谋而合的。

在传统的课堂教学中，基本上都是遵循"课堂上传授知识、课下进行知识内化"这一顺序开展教学的，而翻转课堂教学模式则对这一顺序进行了重构，即：课前，教师结合教学内容、学生的认知水平和能力等，精心制作高质量的教学视频，并将其上传到相应的教学平台上，指导学生结合教学视频开展课前自主学习，进而促使学生在课前完成知识的预习；在翻转课堂的课堂教学中，教师则是依据学生在自主学习中反馈上来的疑惑点、难点等，借助小组合作探究等方式，对其进行攻克，以实现知识的内化。由此可见，翻转课堂彻底颠覆了传统课堂教学模式，充分发挥了学生的主体地位，使得学生能够积极参与到发现问题、研究问题和解决问题的全过程中，促使学生积极主动完成知识的建构，这一点正好契合新课程改革下的教学要求。

一、依据翻转课堂组织学生开展高效自主学习

翻转课堂教学模式的重要任务之一就是将传统的课堂教学内容进行前置，使得学生在课下完成基本知识的吸收，并查阅相关的资料等。同时，在这一过程中，学生不仅提前完成了知识的吸收，也在无形中提升了学生的自主学习能力。因此，教师就可以借助翻转课堂的教学模式，结合教学大纲、教学目标以及学生的实际情况，提前制作出教学视频，引导学生结合教学视频提前开始自主学习，自主完成知识的吸收。

例如，在《琵琶行并序》的教学开展之前，教师首先对这一课程的教学目标进行了研究，结合教学重难点，制作出翻转课堂教学视频；其次，在这一视频中，还设置了一定的知识链接，包括作者白居易的生平，使得学生结合诗人的生平经历，对文章形成更加深刻的理解，完成高效的自主学习；再次，在翻转课堂教学视频中，还设置了作业链接，学生在完成前置性学习之后，可通过练习对自己的预习成果进行检测；最后，学生在课前自主学习过程中，还可以将自己遇到的问题、疑惑点、难点等进行反馈。

二、科学设计课堂教学活动并完成知识的内化

在翻转课堂的前置性学习中，学生在自主学习的时候，受到自身等多种因素的影响，在学习的过程中，常常会遇到多种问题、无法攻克的难点等。因此，教师应结合学生在前置性学习中的反馈，对其进行归纳和总结。之后，教师依据学生反馈上来的问题，精心设计课堂教学活动，充分借助小组合作教学模式，引导学生在讨论、交流的过程中，完成重难点的攻克，最终实现知识的内化。例如，在《雷雨》的翻转课堂教学中，学生通过前置性学习之后，依然存在诸多疑惑点，包括剧名的含义，对繁漪这个人物形象的理解，这是什么性质的悲剧等。针对这些疑惑点，教师在开展课堂教学的时候，就利用了小组合作探究的模式，先将全班学生划分为几个学习小组，并引导各个小组围绕这三个问题开展讨论和交流，最终完成这一难点的攻克。

三、联系生活进行相关课程的课后巩固与拓展

基于语文这一学科的特性，教师在培育学生语文核心素养的时候，必须突破语文课本的限制，切实结合教学内容，对其进行延伸和拓展。对此，在翻转课堂教学模式下，教师可借助教学视频的形式，对相关教学内容进行补充、拓展等，促使学生在课下完成知识的拓展，最终全面提升自身的综合素养。例如，在《中国建筑的特征》教学完成之后，教师就结合教学内容，从网络上搜集相关的资料，精心制作成 PPT，并辅以大气低沉的背景音乐，将其呈现在学生面前，引导学生完成相关知识的补充和拓展。

综上所述，翻转课堂作为一种全新的课堂教学模式，其教学理念与新课程改革的要求相契合，在课堂教学中具有显著的应用价值。因此，教师在开展和组织高中语文教学的时候，必须立足于语文教学内容，借助教学视频的形式，通过课前、课中、课后三个环节，帮助学生完成知识的高效学习。

参考文献

[1] 白祜. 中学语文教学中文学鉴赏能力的培养 [J]. 科普童话·新课堂（中），2022（1）：46.

[2] 常福胜. 中学语文探究性学习研究 [J]. 文学教育（下），2013（11）：38.

[3] 陈国杨. 语文教学的突围 [M]. 福州：福建人民出版社，2014.

[4] 陈勇，梁玉敏，杨宏. 中学语文教学论学程 [M]. 北京：科学出版社，2018.

[5] 陈振兴. 语文教学策略研究 [M]. 北京：中央民族大学出版社，2015.

[6] 杜迤. 初中语文教学高效策略 [M]. 银川：宁夏人民教育出版社，2016.

[7] 杜永红. 语文教学设计探微 [M]. 成都：西南交通大学出版社，2015.

[8] 段昌平. 语文课堂教学操作艺术 [M]. 北京：中央编译出版社，2012.

[9] 范新阳. 中学语文核心素养教育论 [M]. 苏州：苏州大学出版社，2019.

[10] 付冰. 中学语文教学浅议 [J]. 考试周刊，2012（78）：30.

[11] 付亚双. 中学语文教学浅谈 [J]. 读与写（上，下旬），2013（14）：80.

[12] 傅惠钧. 修辞学与语文教学 [M]. 杭州：浙江大学出版社，2016.

[13] 郭斌. 运用概念分析，促进思辨性表达——以材料作文"碰撞"为例 [J]. 中学语文教学，2022（4）：42.

[14] 韩吉旺. 语文教学探微 [M]. 合肥：合肥工业大学出版社，2015.

[15] 洪贺廷. 语文教学的感悟、探索和实践 [M]. 北京：首都师范大学出版社，2016.

[16] 胡兴桥. 地域文化与中学语文教学 [M]. 北京：语文出版社，2015.

[17] 黄丽君. 思辨读写基于学生核心素养的高中语文教学改进研究 [J]. 课外语文（上），2019（10）：42.

[18] 巨瑞娟. 中学语文阅读教学探微 [M]. 银川：宁夏人民教育出版社，2016.

[19] 李娜. 中学语文教学浅探 [J]. 考试周刊，2014（52）：31.

[20] 李文平. 教师教育与中学语文卓越教师培养研究 [M]. 重庆：西南师范大学出版社，2017.

［21］林丽卿．积极教育语文课堂教学新思维［M］．福州：福建教育出版社，2016.

［22］刘淼．当代语文教育学［M］．北京：高等教育出版社，2005.

［23］陆美荣．试谈中学语文教学［J］．科学与财富，2016（9）：596.

［24］陆震谷．中学语文学习方法［M］．上海：上海锦绣文章出版社，2010.

［25］罗锡英．中学语文文本教学研究［M］．桂林：广西师范大学出版社，2017.

［26］吕明春．中学语文教学中责任感教育略议［J］．学校党建与思想教育（中），2012（5）：28-29.

［27］邵长思．中学语文教学流派与教学模式研究［M］．广州：广东教育出版社，2017.

［28］盛书山．语文教学［M］．南京：江苏教育出版社，2013.

［29］王靖．中学语文自主学习策略探究［J］．才智，2013（24）：19.

［30］王聚元，金军华．初中语文课堂教学设计透视与导引［M］．北京：世界图书北京出版公司，2010.

［31］王永慧．翻转课堂教学模式在高中语文教学中的应用［J］．试题与研究，2020，（23）：169.

［32］王昱华，徐洪岩．中学语文教学探索［M］．成都：电子科技大学出版社，2015.

［33］韦美日，杨进，杨伟蓉．中学语文学科教学设计［M］．北京：民族出版社，2015.

［34］伍中旺．中学语文古典诗词教学审美素养培养研究［D］．昆明：云南师范大学，2017：18.

［35］辛涛，姜宇，王烨辉．基于学生核心素养的课程体系建构［J］．北京师范大学学报（社会科学版），2014（1）：41.

［36］闫登云．中学语文教学中的误区及应对措施［J］．学周刊，2022（25）：115.

［37］闫光平．"思辨性阅读与表达"任务群的教学实施建议［J］．中学语文（下旬·大语文论坛），2020（11）：58.

［38］闫新合．中学语文教学中的"读"和"写"刍探［J］．成才之路，2021（19）：78.

［39］杨秀琴，白强．中学语文教学"返璞归真"实践路径论析［J］．教学与管理（理论版），2021（11）：78-81.

［40］余党绪，张广录．中学语文批判性思维教学案例［M］．上海：学林出版社，2017.

［41］袁菊．中学语文教学科研的质效提升试论［J］．教育理论与实践，2015，35（20）：44-46.

［42］张朝昌．中学语文教学思维的本质及发展策略［J］．语文学刊，2019，39（1）：89.

［43］张达红．理性语文教学［M］．福州：福建教育出版社，2015.

［44］张孔义．语文课堂教学技能与微格训练［M］杭州：浙江大学出版社，2011.

［45］张璐．中学语文课堂教学与实践［M］.长春：吉林人民出版社，2019.

［46］张占杰．中学语文教学法十讲［M］.芜湖：安徽师范大学出版社，2017.

［47］赵年秀．中学语文教学设计［M］.长沙：中南大学出版社，2014.